霸凌是什麼

從教室到社會，直視你我的暗黑之心

いじめとは何か

教室の問題、社会の問題

森田洋司（Yoji MORITA）｜著

李欣怡｜譯

自由學習 17

霸凌是什麼：
從教室到社會，直視你我的暗黑之心

作　　者　森田洋司（Yoji MORITA）
譯　　者　李欣怡
責任編輯　文及元
行銷業務　劉順眾、顏宏紋、李君宜

總 編 輯　林博華
發 行 人　涂玉雲
出　　版　經濟新潮社
104台北市中山區民生東路二段141號5樓
電話：（02）2500-7696　傳真：（02）2500-1955
經濟新潮社部落格：http://ecocite.pixnet.net
發　　行　英屬蓋曼群島商家庭傳媒股份有限公司城邦分公司
104台北市中山區民生東路二段141號11樓
客服服務專線：02-25007718；25007719
24小時傳真專線：02-25001990；25001991
服務時間：週一至週五上午09:30~12:00；下午13:30~17:00
劃撥帳號：19863813　戶名：書虫股份有限公司
讀者服務信箱：service@readingclub.com.tw
香港發行所　城邦（香港）出版集團有限公司
香港灣仔駱克道193號東超商業中心1 樓
電話：852-25086231　傳真：852-25789337
E-mail: hkcite@biznetvigator.com
馬新發行所　城邦（馬新）出版集團Cite（M）Sdn. Bhd.（458372 U）
41, Jalan Radin Anum, Bandar Baru Sri Petaling,
57000 Kuala Lumpur, Malaysia.
電話：（603）90578822　傳真：（603）90576622
E-mail: cite@cite.com.my
印　　刷　漾格科技股份有限公司
初版一刷　2017年6月8日
初版二刷　2017年12月7日

城邦讀書花園
www.cite.com.tw
ISBN：978-986-9441-056

售價：350元
Printed in Taiwan

〈導讀〉問世間「霸凌」為何物？直叫人身挫心傷

吳齊殷

讀森田洋司的《霸凌是什麼》，就像是在回顧「霸凌」現象在世界各國的發展歷程一樣，對清楚霸凌現象發展的來龍去脈與不清楚其發展歷程的人們而言，詳讀此書都將會有不同程度的感悟及啟發。

作者森田洋司的章節安排，大致如下：「前言」開宗明義，有助讀者掌握作者寫此書的微言大義，第一章「發現霸凌」，詳細地鋪展「霸凌」作為被「社會問題化」的社會現象，如何在全世界各個不同文化的社會中，逐一被清楚地「定位」出來；第二章「霸凌在日本的三波變化」，則順著第一章的行文脈絡，鉅細靡遺地闡述「霸凌」在日本社會中的發展歷程及其與眾不同的特性；第三章「霸凌是什麼」，深入剖析霸凌的內在要素與外在環境條件；第四章「來自內部和外側的牽制」，則嘗試說明可能發生霸凌的場域與機制，並「醞釀」及「呼應」作者在第五章，終於出爐的「獨特觀點」。第五章「私密化社會與公民權責教育」，應該是本書的核心章節，作者於此明確點出他對「霸凌現象」洞察，以及處理並最終有效化解「已社會問題化之霸凌現象」的理論主張。終章（第六章）作者再一次肯認他對「人類社會（當然，主要是針對日本社會）有能力最終阻止霸凌現象發生」的信心與樂觀的想望。

對於熟悉霸凌何指的讀者而言，這樣的章節安排，自有其閱讀上的順序邏輯。然而，對於尚不熟悉「霸凌」為何物的讀者而言，依此章節安排順讀下來，可能會有不易掌握作者意圖的「閱讀挫折感」。對於這樣的讀者，建議或許可依：前言、第三章、第一章、第二章、第四章、第五章和第六章的次序閱讀，如此，當更能貼近作者發心細寫此書之初衷。

本書的前半部，作者花了許多心思在考證與交待「霸凌」作為「社會問題化」的歷史進程，企圖幫讀者先建立起認識霸凌的背景知識。後半部則著重在深入剖析「霸凌」的問題本質，並透過對霸凌本質的精確掌握，具體提出實質的「化解霸凌死結」的社會策略。就中，最膾炙人口的精彩之處在於：作者恰如其分的點明日本社會在現代化過程中，所呈現「社會生活私密化」的趨勢，使得「霸凌行為」在缺乏公共監督機制的缺憾下，得以化整為零，以各式各樣的面貌，肆虐日本社會，造成一些不幸的青少年學生，經歷如「人間煉獄」般的身心苦痛，無以解脫，進而終結己身生命。

行文至此，讀者或許等不及、不吐不快：到底霸凌何所指？欲得知完整的答案，並沒有捷徑可循，讀者必須耐著性子，詳細一字一句的閱讀第三章，無法一言以蔽之。不過，作者森田洋司確實在書中，給了具體的定義指涉：「所謂的霸凌，就是在同一團體內的相互作用過程中，處於優勢的一方，刻意的，或者集體造成他人精神上、身體上的苦痛」。這個定義，言簡意賅，充分點出霸凌的各項要素。筆者相當認同欣賞本書作者的看法與主張。此定義當中，「相互作用的過程」，就是社會學的核心概念「互動」。「同一團體」

點出「霸凌往往發生在相當緊密的小團體（尤其是學校的班級）互動當中」，霸凌事件中的「被害者」與「加害者」，往往就是同處某一緊密團體的共同成員，彼此熟稔地套疊在多重的「友誼關係網絡」當中，無所逃遁、隱藏。小團體中的友誼關係，看似平等；其實，猶如成人世界的階層等級分明一般，也是地位高低、上下，界線分明的。

定義中，「處於優勢的一方」，意指在友誼網絡中居上位（高位）的資源使用與分配者。這些位居優勢地位的行動者（青少年）可能藉勢藉故，獨自或聯合（更為常見）友誼網絡內的其他成員，對特定經「認證」為不合群者、規約破壞者、害群之馬或僅是不受歡迎者，施加令其在精神上或身體上感受痛苦的「懲罰」。將以上這些說明聚焦在一特定事件上，即構成所謂的「霸凌」。其中，最值得深思的，就是本書作者所歸結的「霸凌三要素」：權力（或人際相對強弱關係）的失衡和濫用、受害性的事實存在以及持續性乃至於反覆性。分別對應了霸凌發生的前因、後果及機制。

讀者若夠細心，將會在閱讀的過程中，不斷看到「流動性」這個概念的討論。作者其實是要提醒讀者：霸凌行為不僅只會發生在具「特定心性」的行動者身上，而是，身處人類社會團體中的任何一個人，都可能在特定的情境下，成為霸凌的加害者、受害者或旁觀者。這個概念太重要了，它說明了：霸凌行為不是個人層次的現象或問題，而是屬於集體層次的現象和問題。欲從個人心理心性尋求化解霸凌的方法，猶如緣木求魚，將徒勞無功；必須從社會結構的改型切入，才有找到真正出路的可能。至少作者這樣認為，筆者亦做如是觀。

本書的最終章，名為「邁向能夠阻止霸凌的社會」，反射出作者森田洋司對當代人類社會的殷切想望與信心。霸凌會在何時何處發生，吾人無以預知或預測，事實上，它就會隨時隨處「自然而生」。所以，重要的不是：隨時擔憂提防霸凌的現身，而是人類社會有計畫、有步驟的從容對應之。本書作者鄭重提出：「公民權責教育」的構想，做為對應霸凌的「良方對策」。平心而論，在一個公共性夠強的文明社會，例如日本，它確實有值得一試的條件，吾人亦樂觀其成。然而，以此反觀反思台灣社會，欲以此「訴諸於培養社會公民，養成具『社會責任』意識的公民行動者」，做為對應霸凌行為的緩衝閥，是否有可能在台灣社會被實踐呢？情勢不容樂觀，但還是值得期待。畢竟，一個成熟開放的台灣公民社會，才有可能由下而上，結構式的構建防護機制，化解霸凌的負面後果。

（本文作者為中央研究院社會學研究所研究員兼副所長、國立台北大學犯罪學研究所合聘教授、國立台灣大學社會學系兼任教授）

〈推薦序〉
心地好一點，霸凌少一點

彭仁鐸

自從發起「心地好一點，霸凌少一點」（按：二〇一五年八月啟動的反霸凌網站和霸凌防治線上求助工具）以來，透過臉書有不少網友持續私訊，分享著同儕相處的情緒困擾，不斷累積的新案例，強迫著我們不斷思考與更新自身的服務，到底能夠如何走進網路世代的內心深處，讓他們能夠更勇敢、更有能力面對霸凌。

我們從一個門外漢開始練功，靠的是一股傻勁，為的是實現舍妹Cindy（按：楊又穎，本名彭馨逸，一九九〇年十二月四日—二〇一五年四月二十一日）的遺願，來自社會黑暗底層的求助與吶喊，比我們想像得多更多。

網站成立之初，我們面臨最大的質疑是：「打造一個無霸凌的環境，根本不可能！」畢竟強欺弱的霸凌，是最赤裸的真實人性。的確，就算法治治理嚴謹的歐美國家，也只有幾個北歐國家及美國做到霸凌入法。大多國家包括日本在內，目前僅能做到公民權責教育，希望不論是當事人和圍觀者，都能以更負責任的態度面對霸凌。

隨著反霸凌網站加入愈來愈多工作夥伴，隨著我自己成為一名父親、未來也將成為學生的家長，立場與心境的改變，讓我和我的夥伴們面對霸凌的個案感觸愈來愈深，那就是任何社會問題雖然暫時看不到根本解決的方法，只要在解決問題的過程中能夠凝聚共識，就是一種改變的力量。這個改變的力量是從四面八方而來，如此一來，過程本身就已經充滿意義。

台灣目前面對霸凌的社會氛圍，類似美國和日本一九八〇年代所經歷的過程，認為相較於毒品、槍枝氾濫，有太多更重要的社會問題，比霸凌更迫切地需要解決，因此面對霸凌這類潛藏不外顯的心理問題，期待透過教育就能達到防治功效。這樣的觀點隨後在一九九〇年代被打破，許多案例讓歐美社會開始反思，霸凌問題其實是政治社會課題的源頭，除了「救助受害者個人」之外，更要做到「確保社會安全與群眾安寧」。

「他山之石，可以攻錯」，回過頭來看看行為責任觀念並不發達的台灣，尤其是時下年輕人黏著度特別高的網路、社群，要如何將霸凌的傷害降到最低，建立長期而且系統性的協助機制，增加社會對於霸凌受害者與加害者的包容，是身為霸凌防治工作為己任的我們，需要深刻思考的問題。

透過作者的引導，讓我們快速回顧了日本三十多年來研究霸凌的經驗，以及歐美等先進國家，從社會學與動物行為學的角度去看待霸凌，給了我很深的感觸，原來我們這幾年來的努力，也正在走許多歐美國家經歷過的道路。特別是網路世代對社會聯繫所帶來的影響，從私密化，轉為作者筆下日本社會進入的「原子化」（atomization），年輕世代對公領域的冷淡漠視，對於周遭發生的霸凌問題旁觀不願插手，都將對霸凌事件的發展樣態、受害者、旁觀者、甚至社會氛圍產生不同的影響。

我們還有很長一段路要走，但我把這本書，推薦給所有和我一樣初為人父或人母的家長，也推薦給參與教育工作的老師。這本書像是本工具書，讓霸凌防治工作道路上的同行者，都能快速的累積經驗值，想要多了解霸凌的人，或許這本工具書也能幫你了解霸凌的人性黑暗面及行為模式。

（本文作者為「心地好一點，霸凌少一點」發起人）

【網站】http://nobully580.com/

【Facebook】https://www.facebook.com/cindyfromtw/

〈推薦序〉
霸凌：三個相互關聯的難題

彭懷真

近年來，網路、簡訊、部落格裡的霸凌激增，受害者不計其數，其數據遠超過統計資料。社會問題性質與日本特別相近的台灣，也面對霸凌嚴重的現實。

在「教育部防制校園霸凌專區」網站（https://csrc.edu.tw/bully/），有各種宣導，卻無法顯示台灣霸凌問題的全貌。尤其欠缺統計數據，「最新資訊」也是過時的。像是我在五月六日查詢該網站，最新消息停留在三月二十九日，各條新聞多屬政府如何宣導防制霸凌，但是缺乏深入的研究分析。

相對的，本書內容豐富，兼顧學理及實務，作者非常用心，找出關鍵的議題深入淺出介紹，是指引讀者全面認識霸凌的佳作。

根據我的觀察，以下歸納在台灣常見的三個霸凌議題，分析如何防制的方法，包括：網路霸凌、弱勢者遭受霸凌、性取向霸凌。

防制網路霸凌：積極作為，才能避免悲劇

二〇一五年四月，才華出眾、知書達禮的藝人楊又穎自殺，直接原因就是被網路霸凌。網路的匿名性讓躲在螢幕後的使用者，隨意敲打鍵盤就成為加害者。各種酸民文化透過惡毒的文字、惡意的貼圖、人肉搜索、網路串連。匿名躲在線上世界的欺凌行為，愈來愈多，各種悲劇，一再令人痛心。

因網路霸凌而自殺，彷佛呈現一個畫面：「一位年輕女子在高速公路上不斷被多輛疾駛而過的車子弄得心神不寧、頭昏腦脹，跳下高速公路而死亡。」到底是誰殺了她？網路高速公路還是按鍵在網路裡急速奔馳的駕駛？當加害者心存惡念，鎖定攻擊的對象，受害

者幾乎難逃魔掌。無數年輕人被網路霸凌，身心受創。我多次呼籲政府要正視，採取積極作為，但政府推託，以致悲劇繼續上演。

保護弱勢者遭受霸凌：溫暖支持，是最後一道防護網

本書作者森田洋司關心「社會排除」（social exclusion，一群未被涵括在社會主流體系中的人）現象，如同書中所分析的，霸凌只是其一，「兒童虐待」「涉及身心的障礙」「拒學」「繭居」「高中輟學」「尼特族」「貧窮」「單親家庭」「教育和文化資源等的城鄉差距」「酒精藥物上癮者」「有不良行為前科」等，也應正視，更應注意霸凌與這些社會排除之間的關係。我是社會工作者，特別注意到不同排除之間的相互影響。

近年來，我帶領幸福家庭促進協會團隊服務低收入戶、近貧家庭、身心障礙者、吸毒酗酒者、從事性交易者，在服務過程中，著重關懷兩代。主要原因是這些家庭的子女在校園之中特別弱勢，他們容易遭人貼上標籤和成為箭靶。除了原本的痛苦，又加上遭到霸凌，

多重歧視和壓迫，導致上學之路格外艱辛。像是台灣近年來最令人震驚的校園集體霸凌事件，發生在某所特教學校，上百位學生受害，而性侵害的加害者又多是智能較低者。

從二〇一四年暑假開始，協會每年為十八歲以下重度障礙的學生舉辦夏令營，每次三至四周。我們希望提供溫暖的環境給這些成長過程中格外辛苦的孩子，也希望家長有時間稍能喘息。溫暖、支持、關懷、教育都是重點，希望孩子們體會到人生還是有愛有希望。每次營隊，都邀請比孩子更多的工作人員。在服務過程中，我深刻體會人力的充裕極為重要。針對特教生和貧困孩子遭到霸凌的防制工作上，充足人力更是關鍵，但是，台灣做得到嗎？

防制性取向霸凌：性別友善，讓每個人安心做自己

此外，我身為行政院性別平等會第一屆委員，長期關注非主流性取向者的困境。在校園中，比較秀氣陰柔的男學生或陽剛帥氣的女學生，總是被貼上各種負面、歧視、偏見的

標籤。像是上廁所如此基本的人權，對於這些人來說，都可能是痛苦不堪的壓力。

在當今性別多元的時代，男女並不是以「生理性別」一刀切，有許多學生默默承受無法定位性取向（sexual orientation，或譯為性傾向）的困擾。然而，多數同學習慣二分法，以刻板印象的偏見，欺凌性取向並非等同於生理性別的孩子。一些自以為霸氣威猛的加害者，欺凌個性溫柔纖細的受害者。

霸凌是許多青少年問題的原因，吸毒、暴力攻擊、憂鬱症等青少年普遍出現的問題，都源自於受到霸凌。要關心青少年，必須充分了解校園霸凌。

遏止校園霸凌，還需要以更積極的態度及更有效的手段，社會問題性質與日本特別相近的台灣，也面對霸凌嚴重的現實。本書譯自日文，對於霸凌在日本與歐美等國有詳細、廣泛而且具體的介紹。

從台灣社會來看，如何建構「真正友善的校園」是關鍵所在。在我擔任東海大學學生事務長時，總是想到校園固然要美麗，環境更要友善，因而推動一些關懷服務的方案，鼓勵學生多認識及接觸與自己背景迥異的同學。在硬體方面，設置友善的廁所；在虛擬空間方面，反覆宣導正確使用網路的觀念。期待有更多行政主管將友善校園放在心頭，視之為比學生成績更重要的工作。對弱勢者友善、性別友善、預防性侵害和性騷擾，都應該是學校行政的重點。

本書如果能夠出現在暢銷書排行榜，使更多人全面又深入了解霸凌，有更多人能關心校園霸凌問題，正可促成「友善台灣」的實現！

（本文作者為衛生福利部心理衛生諮議委員、東海大學社會工作系副教授、幸福家庭促進協會理事長）

〈推薦序〉
旁觀者正義是重要社會責任

李明憲

有一次的排擠算不算霸凌？
一對一的排擠算不算霸凌？

「一九八五年四月，鹿川同學轉學到某中學，九成同班同學都是同一所小學畢業，鹿川同學較難融入，加上身材矮小，成為霸凌的受害者。同年十一月，同班同學以惡意玩笑的方式，在教室設置靈堂為鹿川同學舉辦告別式，鹿川同學親眼看見同學和老師寫上悼詞的卡片。一九八六年二月，鹿川同學自殺，年僅十三歲。這個事件日後被視為此時期的霸凌代表案例，屢屢被引用。」（引自本書）

我進行霸凌研究多年，也遇過上述類似的案例，只是沒引起自殺的悲劇，但被霸凌者一輩子的低自尊卻是如影隨形。

為了喚起台灣社會大眾對霸凌議題的重視，我也曾發起全台的粉紅T恤反霸凌運動，但是，台灣社會經歷了數次重大校園霸凌事件洗禮之後，卻僅僅增加了對霸凌議題的關注，對於霸凌的理解仍停留在原點，因此，我一直期待有更多的書籍來幫助社會大眾理解霸凌的本質、影響與預防，這本書的內容就提供了這種教育功能。

目前台灣校園只要發生學生偏差行為事件，家長多數會希望學校將其定義成霸凌，並要求校方儘速通報教育部，家長認為這樣要求，校方才會重視，卻不知道，不管是霸凌或是偏差行為事件，學校都會同等重視，只是在後續的輔導方式有所分流，家長這樣的態度反而使得校方花很多時間去召開霸凌防制小組會議，之後寫報告、回公文等，使得有些學校會刻意忽略一些初萌的霸凌事件，省得麻煩。

此外，另一種錯誤態度，則是校方或家長直接忽略霸凌事件，認為這只是成長過程必經的磨練，受害者都是因為個人容忍度不足所致，實在不必小題大作。因此，被霸凌者經常夾在「說」或「不說」的困境，最後多數選擇不說，這使得霸凌成為「暗夜的哭聲」，一旦傷害被揭開，就如壓力鍋炸開一般，傷人傷己。

這本書是日文翻譯書，提供了豐富的素材，對於霸凌問題提供微觀與巨觀的看法。內容主要由社會學的觀點去探討霸凌對個人、社會、國家的影響，由社會往「私密化（privatization）」發展的脈絡去看每個人的角色、職責與壓力。作者也整理了各國對於霸凌關注的發展情況，當然書本內容還是以日本為主，日本的文化對於個人化與社會職責的壓迫，霸凌發生的機率大，台灣倒是較不至於有這樣的情形，但是他山之石，可以攻錯，值得一讀。

霸凌研究先驅丹．歐維斯（Dan Olweus）視霸凌為「權力不對等、長期反覆不斷的加害行為」，台灣教育部則將霸凌定義為「個人或集體持續以言語、文字、圖畫、符號、肢體動作或其他方式，直接或間接對他人為貶抑、排擠、欺負、騷擾或戲弄等行為，使他人處於具有敵意或不友善之校園學習環境，或難以抗拒，產生精神上、生理上或財產上之損害，或影響正常學習活動之進行。」

這些定義都是由結果論或是原因論下手，這本書由各國定義推演，主張應由受害者自行感覺身心的痛苦情形來做為霸凌定義的重要元素，這也提醒了我們更該由受害者的角度去思維。

這本書在最後章節提出了「公民權責（citizenship）」教育，強調要預防霸凌必須由此著手，也就是教育孩子們應履行身為社會成員的行為責任。也就是學校有必要去培育孩子們的「社會責任能力」。這與我不斷提倡的「旁觀者正義」是相同的，見義勇為檢舉加害行為是一項重要社會責任，無言的旁觀者才是霸凌最大的加害者。這本書是近年來完整探討霸凌問題的書籍之一，我強烈建議教師與為人父母者應該好好一讀。

（本文作者為教育部反霸凌安全學校計畫主持人、國立東華大學教育與潛能開發學系教授、台灣粉紅T恤反霸凌運動發起人）

〈推薦序〉從多面向、大視野探討霸凌

楊明磊

這是一本對於霸凌的探討，有高度、有深度、也有溫度的好書。

能從多面向、大視野角度探討霸凌，所以有高度。

能清楚呈現涉及霸凌相關人士的表層與內在心理歷程，所以有深度。

對於霸凌議題的解決，關切的不只是遏止或處罰，還包括如何透過處置霸凌的方向與策略，讓相關人員、組織，乃至整個社會都從中受益，因為從關懷與溫暖心意中出發來面對霸凌，所以有溫度。

這是一本適合專業人員、相關機構，以及政府決策者閱讀參考的好書。

（本文作者為淡江大學教育心理與諮商研究所副教授）

目錄

霸凌是什麼

第一章　發現霸凌

前言

提到霸凌，一般觀念上會覺得「自古就有」，而且「無所不在」。說得極端一點，霸凌是「只要有人際關係的地方，就必然會像黑影般潛入的現象」。不僅是日本，放眼世界各國孩童的實際情形，也會發現這個想法不是誤解，而是基於事實的一種認識。

那麼，霸凌是身而為人無可避免的「業」（karma）嗎？如果是的話，那我們大人在孩子發生霸凌問題的時候，告訴他們「這是身為一個人絕對無法原諒的行為」，並且要求教師秉持堅決的態度解決，只是不切實際的理想嗎？霸凌，是以人的力量無法抗衡的問題嗎？

最早開始研究這個問題的人，也曾經想過這個單純的疑問。說是最早的研究，其實也和現在距離很近，那是一九七〇年代的斯堪地那維亞國家（按：北歐五國，包括丹麥、芬蘭、冰島、挪威和瑞典）。從研究脈絡中，有一連串**動物行為學**（ethology）的相關研究。他們採取的立場是：人類是動物之一，因此試圖由人類所具備的攻擊性中，找出霸凌行為的根源。

在日本社會中，向來會將「孩童」與尚未被玷污的純潔心靈、或是天真無邪等印象連結在一起。因此，當目睹在這些應該是天真無邪的孩童之間，竟然發生殘酷的霸凌時，會想從人類天生具有的攻擊性尋求解釋，也是很自然的事情。

戰爭、暴力、犯罪、虐待、歧視等，都是人類攻擊性的呈現方式。一直以來，我們試圖以剖析人性深層面的手段去突破這些問題。這不僅是動物行為學或比較行為學，同時也是自古以來哲學、宗教、文學、歷史、藝術、文化人類學、或是人文科學、社會科學一致追尋的主題。

確實，霸凌如影隨形潛入我們的日常生活中，已經到了隨時隨地都有可能發生的程度。像是故意刁難對方，或是藉由嘲弄對方得到快感，甚至在心情煩躁時找個不順眼的人洩憤，或是遷怒別人等行為，這些都是我們切身的經驗。

另一方面，我們也常常會採取為對方設身處地著想的行動，或是克制情感與衝動，以免自己做出上述的行為。即使有時毫無自覺，周圍的人也會提醒我們。

然而，就算我們做最大的讓步，假定霸凌真的是出自人性深層裏的「業」，只要我們去思考上述日常經驗，就會發現，我們是要去發現還是制止這個「業」，一切都取決於涉及家庭、學校、社會廣義的教育功效，取決於人們的認知。事實上，放眼世界各國，我們也可以發現，霸凌的出現方式和社會問題化的過程，隨著社會、時代、教育或成年人的應對方式而異。同樣發生霸凌現象，在某些國家較容易制止，某些國家則未必，這也是個不爭的事實。

正因為存在著這樣的差異，我們不能將霸凌問題認定為緊跟著人類的「業」（有人的地方就有霸凌）；身處公民社會中的我們，絕對不能放棄身而為人應該做的本分（按：作者意指身而為人有義務防制霸凌）。研究霸凌，並非否定對於人性深淵的探究，而是藉由釐清不同社會間的差異，應該能夠探究防制霸凌問題的對策，同時也能開拓發展各種教育的可能。

雖然霸凌是人類社會普遍存在的現象，但是，發現霸凌和終止霸凌的方式，卻是它與人類活動、社會變遷和時代演進的函數。在本書裏，關於日本的霸凌和其應對方式，藉由和國外動向的比較，希望能夠將此現象的本質，從社會與時代的深處切割呈現出來，此刻我們處於日本社會，身為社會的一分子，透過名為「霸凌」的窺視孔，想想看藉由教育，我們該做些什麼，以及社會應該朝向哪個方向走下去。

第一章

發現霸凌

1 起始於日本與斯堪地那維亞

一九八〇年代的發現

霸凌這個現象，以前就有了。如果我們認同這一點，那麼，這裏會浮現一些疑問。為何以前沒有演變成社會問題呢？或者說，現在的霸凌，和以前有什麼不同呢？

在日本，霸凌問題普遍引起密切的關注、開始有許多報章雜誌報導、相關研究調查相繼發表，是在一九八〇年代前半的事情。在此之前，霸凌從未引起高度的關注。

教育社會學者瀧充（Mitsuru TAKI），遍閱當時的評論和文獻等，將其特徵歸納、整理、分析。根據他的分析，霸凌被視為「新問題」，多數的描述將其特徵定調為「暗黒化、長期化、集體化」。

到了一九八〇年代中期，大眾媒體相繼報導和霸凌有關的自殺事件。由於當時甚少人知道霸凌帶給受害者的身心苦痛，嚴重到足以將未成年的孩子逼至自殺的絕境，帶給日本社會受到很大的衝擊。

一九八〇年代霸凌的複數審判案例當中，部分案例對於學校或教育委員會，在霸凌發生的第一時間，是否了解霸凌導致自殺的可能性，是有所爭議的。而是否能預測到自殺可能性的這一點，變成了爭議點，這件事情意味著，霸凌足以導致嚴重的受害情形，但是，在當時的教育現場並沒有這個認知。

同樣地，在歐美，霸凌成為大眾關心的嚴重社會問題，也是始於霸凌造成自殺，大眾媒體加以大肆報導。

正如一九八〇年代日本的評論和文獻等所描述，並沒有時序資料能夠證明，相較於以往，現代的霸凌手段更加隱晦陰險又暗黑，導致人們不容易察覺。但是，可以確定的一點是，我們的社會終於在此時第一次注意到，霸凌有可能將受害者逼上絕路。

霸凌，原本就是陰險惡意的行為。而且，霸凌有一種特性，就是隨著長期化，受害情況會逐漸變本加厲；而且，殘虐的程度也會持續加重。這一點，與時代演進或社會變遷無關。正因如此，霸凌帶來的身心受害，不論在哪一個時代都不容忽視。

但是，面臨孩子們身心受創的狀況，當時也並不是大家就下一個結論說，霸凌是一種在哪一個時代、在哪一個社會中都無法避免的現象，然後束手無策、坐視不顧。

長久以來，大家就主張校園霸凌是成人社會的縮影。從霸凌首度成為嚴重的社會問題，至今過了四分之一個世紀，在這段期間，日本社會經歷三次霸凌的演變。此刻，我們正努力正視霸凌別人的孩子、遭到霸凌的孩子和旁觀霸凌孩子們的背後，那一片名為「日本社會」的深淵。

這裏請容許筆者先說結論。

日本社會開始發現，只在個人內心嵌入防制霸凌的「剎車器」，效果極為有限。大家也開始注意到，日本社會的人際關係現況，還有人們與社會、團體的相處方式（按：社會交互作用〔social interaction〕），與防制霸凌之間的關聯。這個觀點的轉換也是一種嘗試，有助於日本社會從難以防制霸凌的國家，轉換成為較為容易防制霸凌的國家。

霸凌成為社會問題（或不會如此）的國家

時間在一九九八年秋天。筆者為了霸凌的國際比較調查前往德國，和歐美研究者進行資料的比對和各國的比較分析。讓筆者印象很深刻的是，在瀏覽各國資料的時候，聽見荷蘭的研究者說：「在我們的國家，比起霸凌，不良行為的問題更嚴重。」

的確，在日本社會，霸凌是個很大的社會問題。但是，就現場的資料來看，日本孩童的受害經驗，比例不到荷蘭的一半。荷蘭的數值甚至遠遠超過長年研究霸凌問題有成的挪威。不過，據說在荷蘭，霸凌並非嚴重的社會問題。或許應該說，行政和社會的關心點在於，霸凌會如何演變成不良行為或暴力事件。

霸凌雖然無所不在，是否會浮上檯面定調為社會問題，則隨著國家、社會或時代而異。

即使放眼世界各國，在饑餓、貧窮或戰亂不斷的國家，並沒有將霸凌視為社會問題。在經濟先進國家，像是荷蘭或美國，因為犯罪、不良行為、校園暴力等才是嚴重社會問題，霸凌也不會被當成整個社會應該共同努力試圖解決的課題。不過，這些國家受到經濟合作與發展組織（ＯＥＣＤ）影響，近年對於霸凌的關心有日漸提高的趨勢。

看來，存在霸凌現象，和它是否為社會問題，似乎是兩回事。

霸凌在日本：社會問題化

社會問題通常有它們各自的發展歷程。霸凌有其社會問題化的形成史，拒學也有其獨自的發展方式。但是，這些演進當中，依舊可以看見一定的模式。其流程通常始於問題的「發掘」，逐漸進入大眾也很關心的「滲透期」，接下來，演變成整個社會一起努力試圖解決的「社會共同問題」。

如果我們從社會學的角度來看，所有被稱做社會問題的，都不是在問題這個現象出現在社會的當下，就被視為社會問題。社會中有人對於特定的現象，聲稱陷入「困擾的狀態」之後，各種立場的人開始對此進行交流、討論，在這當中被整個社會構築出來的，才是社會問題。借用社會學者中河伸俊（Nobutoshi NAKAGAWA）的說法，社會問題通常始於一部分的人「很困擾、不好、不能原諒、無法坐視不顧、生病了、不尋常」等訴求。

以霸凌而言，在日本開始有人提出訴求，是在一九七〇年代末期到一九八〇年代初期之間。《學生指導月刊》（暫譯，原名『月刊生徒指導』）、《兒童心理》（暫譯，原名『兒童心理』）、《少年輔導》（暫譯，原名『少年補導』）等教育雜誌製作特集。此外，彷彿呼應這些動向，報紙和電視也開始報導，就此引起了行政、教育相關工作者和家長等關注。

如果霸凌問題的「發現」期間到一九八〇年代初期為止，那麼，到一九八〇年代中期為止，就是問題的「滲透期」。從研究者和教育委員會等公布的調查結果，大眾得以掌握受害的實際狀況。家長和教育委員會的關注度也愈來愈高。在社會學中，被稱為「道德事業家」（moral entrepreneur）或「道德十字軍」（moral crusade）的人，訴求危機與社會正義確立的行動開始擴大，也是在這個時期。

這一連串的行動，在引發大眾人群關心的同時，也加深了人群間「我的孩子是不是也會受害」的不安。基於這樣的不安情緒，出現的所謂「道德恐慌」（moral panic）現象，有時甚至可能誤導了政策的方向。所以才被稱為恐慌。

霸凌造成的自殺引發社會不安情緒高漲，在一九八四年到一九八六年達到高峰。這是社會問題化的「完成期」。特別是在一九八五年，媒體報導日本各地相繼發生的霸凌受害者自殺事件。根據教育學者高德忍（Shinobu TAKATOKU）在清楚報紙報導協定（按：大眾媒體為了保護當事人隱私而限制揭露個資）的情況下做出的年表，共有十四人自殺，其中包括六年級女生一人、七年級男女生各一人、八年級男生五人、女生二人、九年級男生二人、女生一人、無記載性別一人。一九八五年，發生「葬禮遊戲」霸凌造成鹿川裕史（Hirofumi SHIKAGAWA）同學自殺事件（按：一九八五年四月，鹿川同學轉學到某中學，九成同班同學都是同一所小學畢業，鹿川同學較難融入，加上身材矮小，成為霸凌的受害者。同年十一月，同班同學以惡意玩笑的方式，在教室設置靈堂為鹿川同學舉辦告別式，鹿川同學親眼看見同學和老師寫上悼詞的卡片。一九八六年二月，鹿川同學自殺，年僅十三歲）。這個事件日後被視為此時期的霸凌代表案例，屢屢被引用。

大眾媒體連日挖掘各地的霸凌事件來報導。學校和教育行政單位的應對變成大眾抨擊的對象。對霸凌應對方式的不信任與不滿，更加劇了大眾對受害的不安。

在這樣的輿論動向中，文部省（按：現在的文部科學省，相當於台灣的教育部），在一九八五年六月，召開協助者會議並且發表緊急提案。同年十月，臨時教育審議會會長發表了空前的緊急談話。接下來，在一九八六年的審議會答覆中，特別撥出一段時間，提出了霸凌措施的基本方針。此外，一直延續至今的年度實況調查也是開始於此。霸凌問題在日本被定位於國家文教政策的課題，自此進入「社會問題」（而不是個人問題）的範疇。

像日本這樣的霸凌問題形成史（按：意指原本將霸凌當成私密化的個人問題逐漸演變為公

共化的社會問題），背景是對於學校應對方式的不信任，以及國民由於大眾媒體過度報導造成的受害不安。因此，日本對於霸凌的認知，自然而然的將焦點放在受害上，對於因應策略，重心也放在早期發現受害和鞏固強化受害者諮商管道。這一點，是和同樣演變成社會問題的歐美各國不同之處。

斯堪地那維亞發出的訊息

全世界最早著眼於霸凌問題，開始採取全國對策的是斯堪地那維亞國家。接下來，關於歐美霸凌問題的發展，請參考彙集世界二十二個國家和地區的學者所做的霸凌研究報告，並由筆者審訂的《世界的霸凌：各國的現狀與對策》（暫譯，原名 *The Nature of School Bullying: A Cross-National Perspective*，日文書名『世界のいじめ：各国の現状と取り組み』，金子書房，一九九八）勾勒霸凌的全貌。

在西方的霸凌研究中，以「bullying」描述「霸凌、欺凌」的現象，目前這個字已經成為國際共同的學術用語。但是，在斯堪地那維亞國家，當初是以在動物行為學和社會心理學中，形容結群攻擊行為的「mobbing」，引中為「霸凌」的英譯。

在德國，有一段時期也有研究者選擇「mobbing」當成「mobben」或「schikane」等英譯。之後，在瑞典、挪威、丹麥，霸凌演變成眾所皆知的社會問題，英文的「mob」也隨之變成日常使用的語彙。

無論在哪一個研究領域，當我們追溯霸凌研究系譜和特徵時，大部分的情況下，它是從哪裏移入的一個怎樣的概念，通常都是重要的關鍵。

霸凌研究也是如此，包括德國和北歐國家的霸凌研究是著眼在「mobbing」這個概念上，並且加以沿用，這件事對於日後歐洲對於霸凌的認知帶來了不少影響。至今，挪威和英國等的霸凌研究和這些國家因應霸凌的措施，居於引領世界研究的地位，追溯其源流，包括德國、北歐國家的心理學和動物行為學等積累的攻擊行為理論，影響深遠。

稍後詳述的心理學者丹・歐維斯（Dan Olweus 按：現為克萊姆森大學〔Clemson University〕

歐維斯防制霸凌計畫〔OBPP，Olweus Bullying Prevention Program〕主持人），最早開始發現孩童之間也有「霸凌」並且著手研究的，是彼得・保羅・海涅曼（Peter Paul Heinemann，一九三一－二〇〇三）。時間是一九六〇年代到一九七〇年代。當時，被稱為動物行為學先驅的康拉德・勞倫茲（Konrad Zacharias Lorenz，一九〇三－一九八九。按：奧地利動物學家，現代行為學創始人。早期研究人類本能行為，之後又研究物種行為的進化。他主張人類的好戰行為源於低等動物採取主動攻擊有利生存的天性，他研究動物行為模式對於後世有莫大的影響，一九五三年與另外兩名學者共獲諾貝爾生醫獎），其影響力仍在。

勞倫茲是個一邊直接進行對動物行為研究，一邊對於人類的攻擊性抱持強烈關心的研究者。他認為人類攻擊性源於天性，是一種連同種夥伴都會殺戮的因子，這種攻擊性無可改變。

時至今日，將攻擊視為人類天性的妥當性遭到質疑，但是，預設人類攻擊性是受到本能的影響，有如動物的攻擊性，並且試圖用「人性深處潛在的攻擊性」來說明，這種觀點也可以想像。

讓我們再回到海涅曼的理論上。他當時已經觀察到，還處於社會化成長過程中的孩童們，對夥伴進行陰險殘忍的攻擊，而且這樣的現象，在包括大人存在的人類日常生活中隨處可見。對此他感到驚訝，對於孩童的攻擊性投以莫大的關注。

他雖然將研究焦點放在潛藏於人性深層的攻擊性，不過他盡量避免無條件採用類推動物行為的立場。他沿用勞倫茲瑞典文譯本著作中「mobbing」的概念，但試圖從社會脈絡中，理解人類的集體排擠或攻擊行為。

因此，他同時也將焦點放在族群歧視上。他將社會性的排擠和歧視、有時甚至可能引起大量屠殺的行為，連結到名為**族群性**（ethnicity）的社會分類化作用上。因此，問題被提升到整個社會層次上。

之後，在以瑞典、挪威為中心的斯堪地那維亞國家積極推廣他的研究，將其發展至校內對策計畫的是出身於瑞典，在挪威的大學研究攻擊行為的心理學者丹·歐維斯。

歐維斯的霸凌研究和極限

在瑞典開始的霸凌研究，也同樣傳承到歐維斯身上。其中一個是，霸凌是普遍存在的這個認知。他證明了在瑞典和挪威調查的結果，沒有一個學校環境是沒有霸凌的。

他的研究觀點，另一個特徵是將霸凌視為和人類攻擊性有關的現象。他把霸凌和暴力並列於攻擊性的子分類中，認為兩者有部分重疊，加起來構成全體的攻擊行為。在他主持的「歐維斯防制霸凌計畫」中強調：「教師應該監督攻擊性是否出現，學校或學級應讓孩童共同參加訂定防制霸凌的規則，違反規則時應該施以堅定的態度進行懲處，對於遵守規則的情況給予讚美」。

在這個防止計畫潛藏的暗潮中，有著這樣的想法。①人類的攻擊性只要在無人管理、監控的情況下就會發生；②為了壓抑攻擊性，最好用規則來控制；③進行堅定一貫的指導，試圖以賞罰將規範內化。違反時施以罰則，藉此制約並且防止人類顯現天生具備的攻擊性。

對於熟悉心理學的人而言，歐維斯的計畫，看起來適用於單純化的**刺激—反應理論**（S-R learning theory）。但是，在他敢於採用這個模式的背後，可以得到一個觀念，那就是霸凌的加害者，會被要求負起相對的責任，這是人類社會秩序的泉源，同時對於未來構成社會的孩童們的教育而言，也是一個很重要的觀點。能夠預料到這個結果責任，才能夠遏止人類的攻擊性，上述的計畫，可說是建立在這樣的思考模式上。

歐維斯的計畫，是歐洲近代社會歷史的產物。由於這是一個長年以法控制、以法治理的歷史所累積出的社會氛圍（文化），我們也可將它看成一種起因於熟悉這種社會氛圍的方法。

再者，歐維斯將霸凌視為攻擊行為的觀點，也反映在霸凌者孩童的特徵描述。他對典型的霸凌者孩童如此描述：「有攻擊性、暴力舉止模式可循的人物，特別是男孩，通常會加上體型和力氣的優勢」。

歐維斯描述的加害者形象，的確是從他的調查當中導出的。但是，「mobbing」一詞，原意是指物理性（肉體）的攻擊行為，在日常用語中的印象也傾向於肢體暴力，在歐維斯的問卷當中，攻擊行為的範圍也很狹窄。原因在於，他並未將精神性（心理）的攻擊視為霸凌的本質要素，而是將其認做和物理性力量攻擊並列的子分類。因此，難免忽視精神性攻擊和其受害情形，內容偏限於表象。

一九八〇年代在挪威舉行的調查研究和計畫設計也沿襲歐維斯的觀點。此外，歐洲其後的霸凌研究，也將他的問卷和防制計畫列為先行研究，當成參考。結果，他的分析結果的正確度以及防治計畫的效果重新獲得驗證，被認為是值得信任的調查。

如此一來，在歐洲各國，以歐維斯問卷和防制計畫為理論根據的研究也增多了。一直到一九九〇年代後半，日本研究者合作的霸凌在全球以及在歐洲各國比較研究發表和國際會議相繼召開為止，許多歐洲的霸凌研究都受限於他的觀點。

以彼得・保羅・海涅曼為起點，瑞典開始對霸凌問題的關注，透過歐維斯影響挪威和丹麥。在挪威，一九八二年年末，住在北部的十至十四歲的三位少年，由於遭到同伴嚴重的霸凌，無法忍受而相繼自殺。這件事上報後，立刻演變成社會問題。出現在議會議題中，在一九八三年秋天，瑞典開始進行全國霸凌防制活動，實施了霸凌實際狀況的全國調查。

現今，全世界當中，日本和挪威被稱為防制霸凌問題的先進國家。這是因為這兩個國家及早發現霸凌在孩子們的世界當中帶來了嚴重的受害情形，將其視為應全國一起面對的社會問題，進而採取行動。

2 霸凌在英國和美國

霸凌在英國

對霸凌問題的關注，之後延燒到英國，到了一九九〇年代中期已經影響到全歐。英國被視為防制霸凌的先進國家，在日本也介紹了他們的做法。但是，霸凌在英國的社會問題化是在一九八九年到一九九〇年左右，比起挪威或日本都晚。

在這段期間的來龍去脈，我們國際比較的共同研究者，被稱為英國霸凌研究先鋒的彼得・K・史密斯（Peter K. Smith），在和筆者（森田洋司）的合著書中有著以下主張。

在英國，霸凌演變成社會問題的契機，始於一九八九年出刊的三本書。同年，英國教育科學部（Department of Education and Science，按：相當於台灣教育部）提出校內教師與學生關係和規範等調查報告〈艾爾頓報告〉（*Elton Report*），說明近年英國的霸凌狀況，並勸導校園採取對策的必要性。

報告書中包括了以下建議：①鼓勵學生若有嚴重霸凌情形向教職員報告；②對於霸凌行為應嚴正處理等；③處理時要有明確的規則；④處理時應符合適切的罰則和保護、支援受害者的體制等。

這裏值得注意的是，他們沒有將霸凌的受害情形侷限於個人，而強烈表達「校園氛圍」也會受到霸凌危害的這種認知，並對此發出警訊。霸凌問題對受害的認知，侷限於被霸凌者的個人問題，在日本也是如此。英國應該也是在當時，體認到長久以來的教育現場，將霸凌視為受害者的個人問題。因此，才會在勸導內容中，強調霸凌是侵犯校園秩序與安全、危害教育環境的行為，更會給在學孩童和教師帶來負面影響。務必對這些點有充分的了解後，再採取對策。

在這樣的勸導事項發表之後，最先採取行動的，是卡洛斯特・古爾本金安基金會

（Calouste Gulbenkian Foundation）。這個基金會在一九八九年設立「校園霸凌」諮詢實行委員會，對於「霸凌一一〇」受凌者求助專線和針對霸凌對策的調查研究等，提供經費支援。

其中，受到挪威歐維斯的研究和其介入之計畫啟發，彼得．K．史密斯等人推展的**謝菲爾德計畫**（Sheffield Project），成為日後英國及歐洲各國霸凌防制計畫的模範。這一連串的研究計畫，之後由英國教育部接手補助而得以繼續。

謝菲爾德計畫

這個計畫以六千七百多名謝菲爾德市的中學和國小學生為對象（按：日本的「中學」是台灣九年一貫課程的七至九年級，也就是國中一至三年級），是英國首次針對霸凌的大規模調查。調查結果帶給英國人很大的衝擊。在調查中發現，霸凌的發生頻率高於當時被評為霸凌發生頻繁的挪威。新聞標題中，甚至質疑（英國）可能是「歐洲霸凌的軸心」。另外，由於有一位女性疑似苦於霸凌而自殺，英國廣播公司（ＢＢＣ，British Broadcasting

Corporation）播出深入報導霸凌的節目，甚至有人在議會質詢中要求政府說明對策，大眾媒體的關心度在一九九二年再次達到頂點。

這項調查對於釐清英國霸凌實際狀況很有意義的，不僅如此，由於歐維斯建議應以學校全體或學年、學級為單位共同應對。此後，英國開始建立讓孩童參與策畫校園管理的機制，以及讓家長協助的方式等，由此開發出更為具體的霸凌防制計畫，奠定日後歐洲各國對策的基礎，這一點值得給予很高的評價。

以下列舉日後影響各國反霸凌對策上，值得矚目的四項重點：

①孩子們共同參與和策畫

讓孩童共同參與和策畫改善校園生活和環境。正如前述〈艾爾頓報告〉提出的忠告，認識到霸凌並不僅限於霸凌受害者的個人問題，應是所有孩童共同的課題，這是很重要的教育。

正如日本修訂後的教育基本法（二〇〇六年）第一條所示，學校教育的最大目的，在於個人人格的完成和組織社會所需資質之培育。讓孩童們參與策畫他們生活場所，也就是校園的營運管理，會是培育他們未來組織社會資質一個非常重要的學習機會。史密斯提到，反霸凌教育的最終目標，在於**公民權責**（citizenship）的培育。謝菲爾德計畫的這個觀點是不容忽視的。

②家長的協助機制

另一個矚目焦點是，家長的協助機制。具體內容包括家長在下課時間巡邏校內和遊玩場所的計畫。這個方案，一目了然，目的在於讓家長參與策畫，和家庭一起經營學校的運作。不過，一方面也可以看成是活用外部人力（雖然是家長），在校內建立起監視問題行為的系統。

之所以會堅持用如此嚴厲的眼光檢視這個機制，是因為後來這個「建構導入外部人才的監視體制」，逐漸演變成為全球防制霸凌的具體方法之一。

當場制止霸凌或暴力行為的其中一個方法，就是「監視型」。像是警察巡邏校園以及家長或鄰近居民、志工團體等在校園巡迴查看等，就是屬於「監視型」。

另一個是可以稱為「取締型」的方法。訂定規則或讓孩子們自己訂定規則，霸凌者依照規則處罰，如果依舊沒有改正，也可能直接逮捕霸凌者。

最後是「直接介入型」。也就是在場目睹的旁觀者介入，直接制止霸凌的手法。但是，有時候無法指望孩子做到，因此，獎勵孩子向教師或警察「通報」，也算是這個方法的變通版本。

沒有任何一個國家只使用特定單一的方法防制霸凌。比方說，韓國在二〇〇四年制定「校園暴力法」，將霸凌納入暴力範圍處理。這個對策融合「監視型」和「取締型」。根據報導，近年選定防制霸凌的示範學校，實施由退休警察和家長的校內巡邏。另外，還導入了「直接介入型」。根據校園暴力法的主旨，要求嚴格因應，一旦發現有霸凌的事實，知情者對於校長或教師具有「通報」的義務。

前述斯堪地那維亞國家研究的介紹中也曾經提到，發現種族歧視和霸凌之間具有關聯的事實。

③社會的包容

在英國也同樣的，霸凌和歧視的發生是相互關聯的，如何讓社會接納這些遭到排擠的孩子們（即為**社會包容**〔social inclusion，另譯為社會納入〕）」，變成一個重要的課題。

此外，受到全球化的影響，各國財政赤字膨脹，福利國家財源動盪。一九八〇年代出現的，被稱做「新貧」的問題，就是起因於以往福利政策和人們彼此互助已經達到極限狀態。在日本，也是隨著貧富差距拉大，產生新的**社會排除**（social exclusion）問題。像這樣的問題，如何影響到孩子們的狀況，在日本也有必要重新探討進而找出社會的因應之道。關於這些問題，會在第五章詳細解說。

④納入特教學生的需求和觀點

史密斯也針對特殊教育學生進行調查，希望顧及身心障礙、精神障礙、情緒障礙、行為障礙、學習障礙孩子們的需求。

從調查結果得知，這些需要接受特殊教育的孩子們，被貼上加害者或受害者的標籤進而和霸凌扯上關係的危險性相當高，也了解他們被捲入霸凌的機制。

在日本，制度化的特別支援教育才剛起步，對於和霸凌相關的關係和對策，尚未有充分的研究。以「謝菲爾德計畫」為首，日本還要從歐美累積的研究中多加學習。

霸凌在美國逐漸受到關注

歐美各國對於霸凌的觀點有一個特徵，那就是多數國家並不是將霸凌視為社會問題的特定領域，而是像校園暴力那般，在更廣大的脈絡中尋求解決之道。很少國家像挪威、英國、日本那般，將霸凌問題特殊化，讓全國都能掌握實際狀況，並且採取因應對策。

在日本，雖然強調「必須以堅決的態度因應霸凌」，不過，除非行為觸犯刑法，否則通常不會直接進行到校內處分，或直接報警、檢舉、輔導，而是以教育指導的方式處理。但是，在那些將霸凌視為暴力行為的國家，隨著霸凌的社會問題化，對於加害者施以刑罰或逮捕比較符合社會觀感。

美國就是其中之一。到二〇〇〇年為止，並未採取過全美大規模防制霸凌政策。對國民而言也是如此，因為他們更關注的是暴力、犯罪和毒品等問題。

勉強算得上接近聯邦層級對策的是在一九八四年，時任美國總統的雷根（Ronald W. Reagan，一九一一—二〇〇四）下令，由美國司法部和教育部共同設立國立校園安全中心（NSSC，National School Safety Center），這個非營利組織（NPO，non-profit organization）扮演的角色，主要是結合青少年司法和教育，掌握校園暴力資訊、提供技術支援和參與專案等，以防制未成年者犯罪。

在美國，原本霸凌問題是校園安全的課題之一，但是並不是核心課題。關於霸凌的研究調查也不多，就連州政府層級的統計調查都沒有，遑論全美的統計調查。

但是，到了一九九〇年代，涉及暴力事件和犯罪的孩子增加，威脅到學校和社會安全的事件層出不窮，整個社會期待嚴懲暴力的呼聲日漸高漲。

在犯罪理論方面，詹姆斯・威爾遜（James Q. Wilson）和喬治・凱林（George L. Kelling）的**破窗效應**（Broken Windows Theory）（按：一九八二年三月發表在《大西洋月刊》〔*The Atlantic Monthly*〕的一篇文章），受到政策負責人的矚目。威爾遜敘述這個理論如下：

「如果工廠或辦公室的窗戶破了，經過的人，通常就會覺得那棟建築物沒人管理。

「接下來，就會有人繼續朝窗戶丟石頭。很快地，所有窗戶都破了，經過的人就會開始覺得，不僅是那棟建築物，連建築物前的街道都沒人管理。

「漸漸地，愈來愈多市民不再走那條街道，之後就被在那裏盤桓流連的人占據。一個原本治安良好的社區，由於忽視與容忍微小的失序行為（乞討、塗鴉等），導致社區的秩序和安全急轉直下，變成混亂不安，甚至成為犯罪率愈來愈高的社區。」

一九九四年，檢察官出身的朱利安尼（Rudolph William Louis "Rudy" Giuliani），以致力恢復治安為政見當選紐約市長，他延聘這個理論的創始人凱林擔任顧問，應用「破窗理論」加強維護社區治安，結果大量減少紐約的犯罪舉世聞名，也是在這個時期。他們採取的手段，首先就是始於徹底取締公共場所輕微的秩序違反現象，以及強化巡邏監視的體制。因此，他們的犯罪政策被稱為**零容忍**（zero tolerance）。意思是，即使是小事也不放過，態度絕不寬容。

關於這個政策的效果，時至今日略有爭議之處，但在當時，確實得到很高的評價，引起了其他國家政策負責人的關注。

進入一九九〇年代，發生許多暴力霸凌事件，導致孩子受凌自殺（bullycide），受害狀況變得不容忽視。原本不大有人關切的霸凌研究也開始盛行，藉由實際情況調查，從數字得知美國霸凌受害經驗率之高。

一九九九年，科羅拉多州科倫拜高中（Columbine High School）發生槍擊事件，造成多位高中生喪命。震撼美國國民的這起事件，根據當時的報導，和許多複雜的校園霸凌問題有關。

英文的「bullying」，原本是個肢體暴力霸凌意味強烈的單字。在國民處於對暴力受害不安的氛圍下，針對霸凌，提出即使是輕微暴力也要立即制止的「零容忍」構想，特別是在這個理論得到肯定的時機，是個極為自然的發展方向。

反霸凌法

在美國教育體制中，關於霸凌對策等的決策權在於州立教育部（State Department of Education）或教育委員會、學區教育委員會等，由美國聯邦政府提出全國層級對策是很少見的。因此，在霸凌受害情況緊迫中提出政策的，是州政府或學區教育委員會。

其中特別值得一提的，是出現以州法（按：美國五十州都是獨立的主權實體，擁有自己的州憲法和州政府。它們保留制定除聯邦憲法、聯邦法律和聯邦參議院批准的國際條約規定之外的任何法律的全權。）制定**反霸凌法**（anti-bullying law）的趨勢。根據日本國立國會圖書館（National Diet Library）井樋三枝子（Mieko IBI）的研究報告，這個制定反霸凌州法的趨勢集中在二〇〇〇年到二〇〇三年之間。在二〇〇七年五月的時間點，美國共有二十三州有和霸凌相關的州法規定。

但是，由於各州是分別進行的，在對策的基本方針和具體做法等上，有相當的差異存在。有些州朝嚴格懲處的方向強化，也有些州不是。此外，也有些州由於意見對立，導致無法制定反霸凌法。不過，無論是哪一種情況，相同的是，採取對於霸凌者用某種方式追究其加害責任的立場。

追究霸凌者加害責任的立場，近年也影響到成為嚴重社會問題的網路誹謗中傷（網路霸凌）。在井樋的研究中，美國的反霸凌法代表案例，德拉瓦州的「校園霸凌防止法」中，明示一定要針對網路霸凌有所規範和懲罰的規定。並且，有鑑於網路的特性，即使加害者並非在學校進行網路霸凌，只要和學校有密切關係，就同樣列入處分對象。

3　霸凌在日本與歐美的不同之處

當霸凌超越校園暴力

將霸凌視為校園暴力之一的趨勢，也反映在國際會議和國際組織裏。比方說，一九九八年，以聯合國教科文組織（UNESCO）和法國教育部為後援，總部設於波爾多大學（University of Bordeaux）的「歐洲學校暴力觀察聯盟」（European Observatory of Violence in Schools）主辦，開始的「校園暴力國際會議」中，是將霸凌問題納入發生在學校的暴力行為來進行討論的。

但是，實際上由於先進國家的高度關注，設置眾多部會研究霸凌問題，彷彿是為了霸凌而召開的國際會議。時至今日，雖然霸凌問題依舊放在校園暴力這個範圍廣大的脈絡中，但是，更趨於將霸凌視為特殊領域的問題。例如二〇〇五年，經濟合作與發展組織（OECD）設立防制霸凌與校園暴力的教育計畫，開始架構加盟國政府的教育行政機關和研究者組成的國際網絡等，經濟先進諸國的關心也大為提升。

這個變化主要是因為即使在先進諸國，大家對於恐怖事件的暴力問題不安情緒高漲。大家強烈體認到，必須對於加諸於身心的所有暴力有所因應對策，更傾向於將霸凌視為和虐待等是同樣重要的問題群（problematique）。

此外，正如斯堪地那維亞國家和英國的發展過程中顯示，社會歧視問題的冰山一角，會以霸凌的形式呈現。因此，只將霸凌視為單純的人際關係問題，並無法阻止問題蔓延。尤其是從歐盟成立以來，最受到關注的事情之一，就是克服各國差距、種族糾葛與排擠，追求所有人的共生共榮。

尤其是在歐洲，霸凌問題是政治社會課題的源頭，這是與日本的霸凌問題大不相同的視角。

日本的趨勢

出席歐美的國際學會，就會發現他們將霸凌歸於校園暴力類別中。筆者因為在日本看慣以「霸凌・拒學」並列為會議主題，對於歐美將「霸凌・校園暴力」並列為會議主題，一時之間覺得不大習慣。

這甚至已經超越了單純用語上的差異，可以從中讀出，對於霸凌的視角，日本與歐美有著文化差異。

其中之一，是將重點放在「救助受害者個人」或「確保社會安全與群眾安寧」的比重不同。霸凌對策，向來兼具這兩個目的，但隨著社會和時代變遷，比重也有所差異。可說差異在於將政策焦點放在「個人—社會」和「受害—加害」這兩個軸的哪個位置。

如同前述，在日本，霸凌問題受到矚目的一九八〇年代，發生了近似**道德恐慌**的狀況。當時國民最大的焦點，在於「自己的親戚和朋友之中，有沒有人成為霸凌受害者」，以家長為中心，不安情緒日漸高漲。

因此，因應霸凌的焦點比起加害更偏重在受害上，政策主要朝著如何針對霸凌受害者「個人」的「心」這個方向發展。具體的發展主軸包括：

①受害的早期發現和諮商；

②支援受凌孩子的心理安定與自立；

③與包括霸凌者在內的周遭孩子們的關係調整。

此外，在制度上的對策也是朝向設置生命線與霸凌專線和諮商窗口、導入校園諮商等。

由於這樣的應對方式，不僅霸凌者的「心」的問題，對於「拒學」也能期待一定的成效，日本文部省以此因應霸凌．拒學，推行校園諮商的配置。

將「霸凌」「拒學」並列的傾向產生的根源，若用前述「個人—社會」和「受害—加害」這兩個軸來說，就是因為在訂定對策時，一直以極為接近「個人」與「受害」的視角切入所致。

文部省的校園諮商委任工作，自一九九〇年代中期以來，已經完全落實。日本的霸凌對策，更加聚焦於「個人的心」，演變成為帶有強烈「心理主義」的色彩。

歐美的趨勢

在日本，霸凌對策開始不限於「個人」的心，而移向「社會・團體」受害情形，是在霸凌的第三波（也就是二〇〇六年）浪潮之後的事情。

相對之下，正如影響歐美霸凌研究的歐維斯所主張，將霸凌視為攻擊行為之一，那麼對策的焦點就會放在加害性。

用加害這個觀點來看，像英國的「艾爾頓報告」所指出的，霸凌的受害對象也包括學校。和暴力行為相同，霸凌會破壞支撐學校社會的規範、擾亂風紀秩序、威脅到孩子們的安全與自我實現。也會有引發謠言，造成校譽受損的可能性。為了避免這樣的情況發生，僅將目標放在控制加害者行為是不夠的。藉由確保學校安全、保證孩子們的滿足感與自我認同，讓孩童參與企畫學校事務等手段，來將重點放在「社會防衛」上，是很重要的。

在歐美也是如此，無疑地，他們對於「受害者個人的救助」有周全的考量。另外，他們還導入了一個機制，就是不僅教師和諮商師，連孩子也讓他們加入行列，共同協助受害的孩子，促進大家相互扶持。這項活動，可以視為由孩子們共同構築安全網絡，當個人面臨霸凌風險時能有後援。此外，也能夠看成是在人與人之間的連結變得薄弱的現代社會中，構築一道新的社會防禦堡壘。

即使著眼在加害性的情況下，依舊不是僅僅試圖養成孩子們的規範意識，藉以制止加害行為。將會需要孩子們協力，藉此醞釀防制霸凌的力量。

歐美社會的學校教育，近年加強培育**公民權責**，也是因為，無論再怎麼強化前述謝菲爾德計畫中提到的「監視型」「取締型」，依然有其極限的緣故。為了讓社會保持應有的樣貌並且維持秩序、確保人人的安全與生活的安寧，必須具備建構在相互扶持之上的社會參與。

歐美觀點的背景

一九九六年，日本文部省與國立教育研究所共同舉辦「霸凌國際研討會」。會中邀請與筆者進行霸凌國際比較調查的共同研究者彼得・K・史密斯和丹・歐維斯等歐洲和澳洲研究者。這發生於我們在休息室進行事前討論時。當我在針對當時由文部省為了學校製作的霸凌宣傳小冊做說明時，來自日本以外國家的與會者們提出的共同疑問，是關於日本轉學措施背後的態度。

宣傳小冊記載著，對於受凌兒童，換座位、換班級和轉學都要彈性應對。以保護受害者的觀點來看，我們都覺得那是很自然的思考方式。

但是，他們一致提出質疑：

「為什麼是受到霸凌的孩子要轉學？如果真的要轉學，應該是霸凌別人的孩子，不是嗎？」

依照歐洲的思考模式，在團體生活中有人受害、導致安全受到威脅，學校理應釐清加害責任，要求加害者負責，這才是實現共同體正義的妥善方法。

圍繞著轉學措施，霸凌對策的焦點應放在加害或受害的哪一方、以及加害行為的責任該如何追究，日本與歐美在這些觀點上的差異，就在這個意外的情況之下浮出檯面。

歐美對於處置霸凌的思考方式，是釐清加害者行為責任使其負責的思考，這是在歐美歷史中培養出來的觀點。相反地，在行為責任觀念和追究其責任的模式尚未成熟的社會當中，在追究加害性這一點上，自然免不了寬鬆。

不過，說是要追究加害者的行為責任，也不應斷然主張霸凌者應該立即接受處分或懲罰。讓他們自覺對於在團體當中規定的義務行為，或是被期待做到的事，他們自己應負的責任、讓他們預想行為結果、讓他們自我覺察結果責任的存在、以及負責的方式等，有一連串的責任存在。處分和懲戒等，只不過是負責任的方式之一。

再者，行為責任也並不是僅限於製造出問題的人才有。霸凌者當事人，以及在場的其他人、聽聞得知這件事的人、兒童和少年、教師、家長、外部相關機構，或是所在地的鄰里居民等，依照每個人所處立場的不同，都有各自的責任。

比方說，讓我們思考看看在英國等地試辦的「霸凌審判」。霸凌審判設於校內，做為「教育計畫」，讓孩子們自己負責審理或告發、辯護。

關於霸凌審判，在英國的教育現場，也有人擔憂整體看來懲罰的色彩太濃厚而反對。但是在歐美，陪審制和參審制等公民參與司法的制度早已行之有年。在名為學校的這個社會中，組成社會的所有成員，都應該有責任視霸凌為與自身學習和生活場所息息相關的事，不應侷限於直接加害者。釐清所有責任以實現正義與安全、讓學校成為一個愉快的場所，是大家共同的公民權責。

因此，「霸凌審判」並不只是找出犯人或追究加害者責任的場合，制度的直接目的也並不在於終結霸凌。

應該說，這是一種嘗試，希望藉此機會讓孩子們思考，促使他們完成在社會和團體中如何自我形成的這個課題。在這一點上，可將其視為公民權責教育和法治教育的一環。

義大利的懲罰事件

讓我們再來介紹一個刊登在《日本產經新聞》（二〇〇七年八月三十日晚報）的義大利訴訟案例。

在義大利，二〇〇六年度，由於孩童自殺等事件，校園霸凌成為社會問題。其中，發生在巴勒摩市一所中學的事件引起了眾人的矚目。

根據該報的報導，某位學生羞辱同班男同學「娘娘腔」，不讓他進男廁，女教員為了處罰這個學生，要他在筆記本上罰寫一百遍「我是笨蛋」，結果學生的父親控告教師「過度懲罰」，要求二萬五千歐元的賠償。

受理的檢察機關對教師判兩個月有期徒刑，但法院最終判決為無罪。義大利報紙相繼接到各種投書，像是「叫他的家長寫一萬遍『我是笨蛋』」「有其父必有其子」等，對於教員表示同情的聲援，當時引起相當大的爭議。

行政單位也無法忽視這個已經成為社會問題的事件，進而採取因應對策。

首先，對於霸凌加害者停學十五天的處分，並且擔任校內志工。

其次，為彌補帶給同學或學校的損害，校方有權利向家長要求在保證賠償的協議書上簽字。

此外，教員發現霸凌時，必須立刻報告。致力於早期發現霸凌的徵兆，同時採取相關防制對策。

關於停學措施和校內志工活動是否妥當，或許有值得討論的地方。不過，這裏的思考是發生霸凌時，應該釐清每個人站在不同立場的權限和責任，其中特別是行政單位被期待應誠實行使公民託付的權限，達成其任務。換句話說，當霸凌發生時，行政單位有責任向霸凌者追究加害責任。

另外，就像前例當中相繼有表示支持教師的投書，社會總是期待家長是身負養育根本責任的主體。教師得到無罪判決，表示尊重對於教師責任與主體性的判斷。

當然，關於教師的指導方式是否符合「過度懲罰」，在義大利應該也是有爭議的。而判決是針對特定狀況斟酌後所下的結果，是否要將其一般化，必須慎重考量。但是，對於針對權限與義務、甚至責任意識偏向淡薄的日本教育現場而言，前述的案例有非常多值得參考的地方。

霸凌受害者的責任

在考量責任時，遭到霸凌的一方無法免責。當然，並不是像時有耳聞的「受害者自己也有錯」，讓承受霸凌者獨自扛下責任。而是指受到霸凌者不能只是「遠離霸凌」如此被動，也必須具備主動性，也就是防止霸凌發生。

原本，遭到霸凌的孩子，在很多情況下，無法輕易對霸凌者說「不」，這是理所當然的。因此，並不要要求受害者負起「無力抵抗」的責任。重要的是，對孩子們提供面對霸凌的訓練，平時建構能夠迅速發動周圍支援的體制。歐美的想法是，訓練孩子提出自我主張，以及在教師監督下建立由高年級生提供諮商的機制等，一邊設法努力不讓受凌孩子感到孤獨無助，同時培養受凌孩子應對霸凌的能力，培養能夠負起獨立主體責任的人格，因此，周遭人們提供的支援是必要的。

這個觀念，不僅限於霸凌和暴力行為，在美國，將拒學視為「受教育機會的障礙」。依州、郡、甚至學區或有差異，但是連續缺席日數到達一定的標準，情況未改善的話，他們有明確的方式，評估學生、教師、諮商師、家長、醫師、行政單位，各自應該負什麼樣的責任。當有人在責任上有所怠慢時，視程度輕重，可能會受到處分。

不論是霸凌、拒學或暴力行為，每個對策自然各有優劣。就算在日本以外的國家有很好的效果，不見得原封不動引進日本就能得到同樣的結果，甚至也可能適得其反，因為這些都和各國文化或社會樣貌息息相關。

不過，霸凌也有超越文化和社會的共通部分。正因如此，在**社會控制**（social control）的原理與方法上，還是有可能找到適用的共通想法。學習海外的狀況，能夠得知日本社會對於霸凌的認知角度或因應方式哪裏是適切的，哪裏是有問題的，對於我們決定未來前進的方向應該有所幫助。

第二章

霸凌在日本的三波變化

1 第一波：發現霸凌問題

在日本，霸凌以社會問題的形態登場，是在一九八〇年代中期。當時，媒體連日報導霸凌問題。結果引起民眾關注，在日本全國執行相關對策，將霸凌從個人問題變成社會問題，這就是霸凌的「第一波」。

這個時期的特徵，不管在霸凌的研究或在霸凌現場的因應，和日本以外的國家都是獨立展開的。一般而言，在日本的學術研究論文最後，都有詳列引用國外文獻，但是，霸凌研究是個例外。其實這和日本社會與斯堪地那維亞國家都在很早的階段發現這個問題，並且開始著手處理有關。

但是，這件事之後反而成為著眼海外霸凌現況的障礙。錯誤的認知橫行，認為霸凌是日本獨特的問題，以為海外沒有霸凌，就算有，也是在受害和頻率都不會造成問題的輕微霸凌。這個誤解，一直延續到一九九〇年代中期，也就是霸凌第二波來臨。

這樣的誤解，同樣影響了霸凌的原因分析。倘若霸凌在日本以外的國家並不構成問題，那麼原因就變成只能探究日本的特殊狀況。像是找出「島國心態」「排外的民族性」「齊頭式平等」「過度激烈的升學考試競爭」「斯巴達式教育與體罰」等，展開過度強調日本特徵的原因論，導致產生了可能連對策都扭曲變形的狀況。

還有一點，對日本而言不幸的是語言障礙的存在。

就算對於霸凌有錯誤的認知，到歐美諸國開始採取對策的一九九〇年代初期之間，日本有大量的研究和對策，積累的形式包含著作、論文或行政機關報告書。但是，這些文章幾乎都沒有使用英文發表。因此，明明極早開始採取因應霸凌的對策，卻幾乎完全並沒有得到有效的活用。這個時期的日本，在霸凌研究的領域，形同「鎖國」狀態。

與校園暴力的畫分

霸凌在日本的「第一波」還有一個特徵，那就是在大家的認知當中，霸凌和校園暴力是不同的社會問題。這個特徵影響了和歐美認知的不同，我們在第一章已經討論過了。

霸凌問題在日本社會開始被發覺的一九七〇年代末期到一九八〇年代初期這段時間，正是校園暴力猖獗的時代。根據文部省（現在的文部科學省）的實況調查，校園暴力在一九七〇年代開始增加，到了一九八三年達到頂點，之後進入遞減期。

如果將這個情形對照人們日漸關注霸凌問題的現象，會覺得似乎霸凌是接在校園暴力之後登場的行為。因此一開始，霸凌曾經被定調為「校園暴力的新發展」。由於被視為是同根同源的病理結構，還被比喻為「打地鼠遊戲」（按：比喻頭痛醫頭、腳痛醫腳）。

但是，霸凌與校園暴力其實是同根生的這個想法，並未持續太久。在前一章曾用「道德恐慌」來描述當時國民的不安情緒，而在一九八〇年代中期，霸凌問題已經被定調為有別於校園暴力的新問題。例如，文部科學省在以全國所有公立中小學（按：以台灣九年一貫教育為例，小學是一至六年級，中學是七至九年級）為對象實施的「關於學童的問題行為等指導學生上的諸問題調查」中，從一九八五年開始，就是將「霸凌」分成和「暴力行為」不同的獨立類別。

當然，僅就現象來看，霸凌和校園暴力類中的「學生間暴力」或「犯罪・不良行為」等也有重疊的部分。因此，當時，如果霸凌行為中出現了暴力、恐嚇、傷害、侵占等觸及刑法的行為時，對於應該視為霸凌，還是視為犯罪・不良行為，有所爭議。因為定位不同，處理方式也就不同。如果當成犯罪・不良行為處理，可以料想會交由司法程序處理。如果當成霸凌，那麼即使有觸及刑法的行為，就比較可能會交由校方來指導。

結果，在日本，「對於加害者施以教育指導」這個大原則並沒有改變。原因很多，像是有覺得「只不過是小孩子欺負人」，看輕受害情形並以教育工作者為中心，觀念上認為「小孩之間的事情，大人不應該插手」、也有教育工作者的意見是「霸凌，是成長過程中的必要之惡」等。此外，在日本當時的教育界，堅信「把孩子交給司法官，就等於校方放棄教育責任」，也是導致這個結果的原因之一。

協助受害者的因應對策

如第一章所述，霸凌社會問題化最大的契機，是被逼到走上絕路的孩子和他們的遺書、大眾媒體的連日報導，以及國民的不安情緒。

因此，自然而然地，預防受害者自殺和意外事故的危機管理，以及建立諮詢管道被視為刻不容緩的課題。關心的焦點，放在學校相關人員如何察覺受凌者發出的微弱訊號，或是學習能接受並理解孩子心情的諮商輔導（counseling mind，日式英文），為教員製作指導手冊並實施研習。在校外，則開設了「生命線電話」和「霸凌熱線」等傾訴諮詢窗口，也有部分地區分發電話卡給孩子們，以備不時之需。

當然，在歐美，建立受害者的傾訴諮詢管道體制，也變成霸凌對策不可或缺的一環。

一九八六年，英國啟動保護受凌孩童的二十四小時免費電話「孩童專線（Child Line）」，也接受霸凌的諮詢，這個運動影響了許多國家。

但是，日本霸凌對策是從一開始，屬於另一面的社會防衛性質就很薄弱。展開的應對方式之特徵，並非處分或懲罰，而是教育指導和心理諮商，引出了第二波之後在校園導入諮商。

霸凌定調為惡行

在一九八〇年代，藉由發現演變成社會問題的霸凌，日本對於「霸凌」概念的確立終於定調。

用「概念的確立」這個字眼，我們會假定是研究上的概念。不過，在這裏指的是，日常生活中，「霸凌」這個詞就此定調，成為大眾都能夠理解的淺顯用語。

當然，「いじめ（IJIME）」（按：日文中原本就有「いじめ」這個字，意指「欺凌、欺負、

欺侮」）在社會問題化之前，就已經是日常生活中會使用的詞彙了。但是，不同於今日，並非當成一定的人際關係中加諸的精神性（按：心靈）．物理性（按：身體）攻擊的總稱。那些現象，以往大家會各自使用像是「捉弄」「排擠、打壓」「惡作劇」「歧視」「侮辱」「揶揄、嘲弄」「欺凌」「動手動腳、拳打腳踢」「勒索敲詐」「漠視」「排擠」等詞彙，不勝枚舉。

當「霸凌」這個現象成為社會問題被發掘出來，被定位於應該由全社會共同努力解決的課題時，做為此現象的總稱，選擇了概念含義最廣的「IJIME」這個詞。

不過，在社會問題化後，人們對「IJIME」這個詞的涵義，正如社會學者土井隆義（Takayoshi DOI）所指出的，已經有所轉變。之前擁有各自名稱的行為，被涵括在「IJIME」這個具有優越感的概念中。各個行為開始被定位於IJIME這個脈絡中，並且被相互牽出關連性來。甚至，IJIME這個概念，還被賦予了道德意味。當提到霸凌時，人們被期望如何反應，這個價值觀，開始受到這個詞的指示。

當特定的現象變成社會問題，用語也定調為霸凌時，我們的認知和反應方式都會被迫變更。原本一直被認為只要是人類社會，雖然「絕對不是好事」，但是「霸凌無所不在」，轉變成「身而為人，絕對不能原諒的事」的一種「轉換」就此確立。換句話說，原本在社會規範上處於灰色地帶的「IJIME」，就此明確的位移到「脫序」甚至是「惡行」的領域裏。

不論是哪一個社會問題，定位在應由整個社會一起解決的問題，必須先賦予「該現象對照於社會規範是不好的」這個定義。

霸凌問題也是如此，文部省發出緊急號召和通告等，或是透過委員會和審議會等的報告，召喚日本國民。此外，孩子們藉由學校教育，教師藉由研習，家長和公民藉由關心防制霸凌的活動，進而內化關於霸凌的社會規範。

這裏所謂的社會規範，不僅限於法律等規則、倫理道德等的價值、還包含了文化、習俗等深入日常生活的規範。依照社會規範，鼓勵理想的想法和行動，進而深植人心，同時，對於不好的事，則藉由懲罰和責備等「社會的反作用」，讓社會秩序得以維持。以這個觀點來看，我們可以說，我們日常生活的秩序，是成立在「賦予道德意義」的基礎上。

霸凌定調為社會問題，也意味著當我們面對霸凌時如何看待和因應等「反作用的模式」，也在我們心中逐漸成形。

在霸凌第一波中迷失的部分

如前述，在霸凌「第一波」當中，做為一個廣泛牽連人倫的問題，有時是攸關人命的問題，去發掘霸凌，將人們反應的模式和社會的因應系統化，嵌入社會結構中，在這一方面，值得給予很高的評價。

但是，相對來說，也有如下的面向：以往源自於社會歧視這個類型的霸凌，由於逐漸一般化，納入「霸凌」這個優越感的概念中，導致可能讓原本歧視特有的狀況和對策失焦模糊。

就像第一章指出的，源自於「非我族類」的同化歧視或族群性（ethnicity）歧視等的霸凌，在「第一波」前就存在著，也有的霸凌因此造成自殺，在媒體上報導過。但是，由於這些問題後來被放在歧視問題的脈絡中處理，導致明明是同一根源的問題，卻反而漸漸從霸凌問題中遺漏。

在一九八〇年代以後進行的霸凌實況調查中，和歧視無關的霸凌比例相當高。加上國民的不安情緒，導致努力的方向偏向一般的霸凌問題。解說霸凌問題歷史的書籍或論文等，大多數也是將霸凌問題的開端視為一九八〇年代以後。

並不是日本社會遺漏了處理和歧視有關的霸凌。這些被歸在「人權問題」「歧視問題」的類別中，因此變成在這寫類別中處理。這和校園暴力和霸凌問題被設定在兩個別的分類中，兩者被當成不同層次問題的狀況很類似。這一點，和將歧視和校園暴力包含在霸凌問題裏綜合看待的歐美，呈現了不同的面貌。

2 第二波：充實諮詢體制

根據文部省的調查，霸凌在日本的發生件數在一九八五年到達第一個高峰，次年開始減少，之後也在官方統計上持續減少，從一九八〇年代末期到九〇年代初期，則大幅減少到被描述為「沉靜化」。相較於「霸凌在日本的第一波浪潮」最盛的一九八六年，一九九〇年的發生件數減少到一半。

但是，在一九九四年，霸凌帶來的嚴重受害又再度成為焦點，將霸凌社會問題化的「第二波」來臨。起因是愛知縣大河內清輝同學的自殺事件，時間在「第一波」的十年後。大家都對再度發生受凌自殺的事件感到震驚，對於霸凌的議論再次沸騰。

一九九四年，報導中出現了數起研判和霸凌有關的自殺事件。在這樣的情況下，大河內同學的自殺和他留在自己房間書桌的遺書內容，造成了很大的衝擊。根據遺書內容，他持續遭到霸凌，總共遭人勒索以中學生而言過高的現金，反映了霸凌一步步將他逼到走投無路的無奈。

文部省的緊急號召

在這個報導之後，文部省立刻設置「霸凌緊急對策會議」，在一九九四年十二月九日第一次會議中發表「緊急號召」。在這個號召當中，源於大河內同學事件的特性，納入與以往霸凌不同的認知。

首先，在開頭就提出「應立即動員全校進行全面檢查，同時，掌握實情，採取適當的處置」。從報導當中可以發現，不論是對霸凌的實況掌握或採取對策上，都不夠深入落實。在這樣的情況下，宣布事態緊急，要求全面檢查，是理所當然的措施。此外，當時的要求是檢查時，必須「抱持懷疑有霸凌事實的問題意識」。換句話說，文部省表明「任何學校都可能發生霸凌」這種認知。這是在對現場要求反省和改變認知，意義重大。

一九九六年，日本文部省與國立教育研究所共同在東京和大阪舉辦了「霸凌國際研討會」，更進一步讓大家認識「霸凌的普遍性」。

在當時的日本社會，「霸凌從以前就存在」的這個認識已經很普遍了。但是缺乏「日本以外的國家也有霸凌」的這個認識，強烈傾向於當成日本獨有的現象來論述。不過，隨著各媒體大篇幅報導這個研討會，教育相關雜誌和書籍介紹海外的狀況，大家的認知漸漸大幅轉變，開始體會到「霸凌無所不在」。

文部省的緊急號召，還包括了建議修正教育現場對霸凌的應對方式。我們可以在下列新增的這個應緊急應對的建言中窺得一二。

「學校、家庭、社會，面對孩子時，應強烈認識到不為社會所容許的行為，也不容許在孩子之間發生，孩子們也應該有這樣的自覺」。

這個建言，要求全社會應對（霸凌問題）時，應抱持「霸凌弱者，是身為一個人絕對不能原諒的事」這個認知。在之後的「霸凌緊急對策會議」中的審議結果整理出來的報告

（一九九五年三月）中也做為應對之際的基本認識，在開頭再揭載了一次。雖然有點長，因為包含了重要觀點，所以在此引用。

「關於霸凌問題，首先，必須認知到**最不應該的是霸凌者**，必須**以堅決的態度**進行指導，讓他們自覺霸凌是一種卑劣的行為，也是身為一個人絕不能容許的惡行。重要的是，**釐清責任歸屬**。**在社會上不被容許的行為**，**即使是孩子也不會縱容**，讓兒童與少年以為不管他們做什麼都不會被追究責任，這在教育上是不當的。」（字旁加點為筆者標示的重點）

在學校現場，霸凌就不用說了，就連暴力行為，都有不嚴加追究責任並且盡量仰賴教育指導（矯正）的傾向。特別是對於可能被追究刑事責任的問題，在當時，（校方）對警察的介入懷有戒心，並且堅持認定是自己的教育責任。

確實在「第一波」以後發生的霸凌中，也有相當於刑法規定中暴力或傷害的事件。大河內同學事件的特徵，就是包含金錢恐嚇。經過警察調查證實的金額是數十萬日圓，但從報導和遺書等，可以看出實際上遭到勒索的金額更多，因此，可預期當然會出現「學校不是享有治外法權的地方」這種論調。

我們可以解釋為在「霸凌緊急對策會議」報告中，基於這樣的事實，要求反省以往對加害者應對的方式，強調讓孩子們意識到「行為責任」的必要性。

不過，在大河內同學事件的報導當中，依舊多數將焦點放在遭遇受害的大河內同學身上。關於加害者的報導很少，國民關心的焦點仍然和從前一樣，偏向於受害狀況。

心理諮詢體制的確立

如果我們將「第一波」當成訴求國民認知變化的「將霸凌視為社會問題的發現期」，那麼「第二波」以後的發展，就可說是做為因應霸凌的心理諮詢體制的「確立期」。

心理諮詢體制的充實，雖然是延續「受害焦點化」（聚焦於霸凌受害者）趨勢的對策，但是來自拒學案例增加的影響也不小。一九九二年度的拒學兒童・學生人數超過七萬人，一九九五年度達到八萬多人。從這個時候，增加速度開始變快，到一九九七年已經超過十萬人，一九九九年則達到十三萬人。

有鑑於此，文部省從一九九五年度開始安排校園諮商師進駐學校，目前大致上所有的中學（按：台灣九年一貫教育的七至九年級）都有配置。同時，為了配置於市町村教育的教育諮商員而籌備財政。進一步從一九九八年開始，開始增配「心靈的教室諮商員」。

另一方面，在建立教室的諮詢體制方面也注入心力，例如，做為文部省的工作，實施「霸凌問題等對策研習講座」、培育諮商心智等。其中，對於負責指導學生的教師和保育教師，因為要面對有煩惱的孩子們，職掌上規定必須具有臨床心理和精神醫學相關的基礎知識。霸凌再加上拒學的社會問題化，在這個時期的教育現場，強化了將比重置於心理層面的教育諮詢的指導態度。

心理主義化的日本

不論是日本還是海外，造成霸凌社會問題化的契機多半為自殺。但是，霸凌的受害情況，除了自殺，還會以各種形式出現。「拒學」「嚴重的精神痛苦和壓力」「心身症」「憂鬱症狀」「心理創傷」「討厭自己」（自我嫌惡）「自卑」「沒有自信」「孤立感」「學習意欲低落」「不信任別人」「懷疑學校和社會」等，包括二度傷害，會侵蝕孩子們的身心健康，阻礙成長。

霸凌自古就存在。在現代社會，它重新引起關注，是因為我們得知，有許多孩子遭受霸凌傷害的這個事實。正因如此，應對霸凌問題的施力點，放在如何保護孩子們、如何處理受害者精神上的痛苦。還有一個焦點是遏止加害情形，日本特別將重點放在受害者對策上，致力於充實「心理諮詢體制」。

這一點，和一九九〇年代日本社會的「心理主義化」不無關係；當時，心理創傷（trauma）和復原（recovery）等詞彙大為流行，能取得「臨床心理師」資格的研究所入學競爭激烈，「諮商師」成為許多人憧憬的職業。

這個潮流的背景是，人們的關注已經從社會基礎的建構移向個人的私生活。追求忠於自己的生活方式和個人幸福、生存價值、還有自我實現等的趨勢增強。社會和團體的共同性開始動搖，人們互相扶持和連結的力量減弱，人際關係開始出現變化。正如臨床心理學者小澤牧子（Makiko OZAWA）所指出的，面對那種環境下產生的不安和苦惱，大家都期望用諮商來解決，或許也是強化傾向心理主義的原因之一。

霸凌從人際關係的扭曲中現身，讓受害的孩子心理留下創傷。國家建立「心理諮詢體制」、配置「校園諮商師」和「心靈的教室諮商員」，做為「心理創傷的復原」對策是合理的。

但是，迎接二十一世紀，對於一連串「心理主義化」潮流，在心理學和精神醫學中，也出現了自省的發言。例如精神科醫師齋藤環（Tamaki SAITO，按：二〇一三年起，擔任筑波大學社會精神保健學教授）引用小澤牧子的著書，提到在霸凌和拒學發生背景中的現代社會問題，以及潛藏在心理諮詢背後的市場商機等，提出質疑：

「由於環境而產生的生存困難和令人窒息的狀態，都將之封存於個人的心理問題，這是對的嗎？」

發生在將霸凌定調為社會問題的「第三波」前夕，它同時也是揭開往後序幕的議論：霸凌，不只是受害者將創傷封存於內心的個人心理問題，也加入社會問題的視角，試圖深掘問題根源的論點。

3 第三波：霸凌漸趨私密化

如果用河流來比喻，那麼所謂的霸凌問題，就像是浮現在河流表面的漩渦。河流沿著四周的地形流動，因為河道寬度的不同，流速也會不同，河底的岩石和堆積起來的沙土，也會改變流向，這些都會形成漩渦，出現在河面。

俯瞰日本社會文化的「地形」，理解存在「河流深層」的社會動向，以及相當於「河底地形」的學校、地區鄰里、家庭或人際關係，對於了解霸凌這個漩渦並思考其對策，是非常重要的。

無論是否為霸凌、不良行為，或是拒學，如果我們放寬視野，都同樣是出現在河流表層的漩渦。當然，在各自的問題背景中，有各自的狀況。不過，大的建構框架，都是由日本社會和存在其深層的社會動向形成的。本書將此動向，用近代這個大潮流來思考。將焦點鎖定於，由於近代化而產生的「個人化」潮流形態之一的**私密化**（privatization），進而透過霸凌這個「社會的窺視孔」，探討生存在現代日本社會中孩子們的問題。

私密化這個詞彙裏包含了兩種意思。其一是社會全體公共部門與私人部門比重的變化。

換句話說，增加擔負公共性主體的「人民」的重要性，而原本國家或地方公共團體管理營運的部分，逐漸轉到私人部門去的這種社會管理上的變化。

私密化另一種意思是指，雖然人們從組織或共同體的束縛中獲得解放，但在同時，對公共性的關心變得淡薄，對於位在私生活核心的「我」關心，比重提高的這個一連串社會意識動向，本書的論述以後者為主。

不管在哪一種社會當中，經濟繁榮與社會安定，能夠為人群帶來豐饒的生活。同時，人們會逃脫共同體的束縛，開始追求個人的幸福。所謂近代社會的腳步，就是為了實現人們這種願望的一種摸索，而私密化就是延伸自這個願望。

但是，私密化的潮流，已經造成了人與人之間連結的淡薄，削弱了個人與團體、組織或地區鄰里共同性之間的連結，這也是不爭的事實。霸凌問題，與這樣的社會動向有關。

教育改革會議的建言

日本社會經歷霸凌的第一波和第二波變化之後，對於防制霸凌嘗試各種努力。但是，以二〇〇五年北海道瀧川市小學六年級女學生、二〇〇六年福岡縣筑前町中學二年級男學生為首，未成年者受凌自殺事件依然相繼發生，霸凌問題再度給日本社會帶來強烈的衝擊；這就是霸凌問題社會化的「第三波」。

雖然當時日本已經積累二十多年的因應霸凌對策，當新一波的霸凌問題湧現時，依然暴露原本的問題點。特別是發生狀況與應對時的問題，居然和二十年前並無差異，這個事實帶給教育界相關人士相當大的衝擊，社會的批判也集中在這一點上。因此，除了中央教育審議會的審議之外，另外破例增設了由日本內閣府主導的「教育改革會議」，意圖修改教育基本法。

在教育改革會議當中，針對霸凌對策有人提出了新觀點的建言。包括對於施加霸凌的學生施以「停學處分」和懲罰，並且強烈要求教師用堅決態度處理等，屬於處罰色彩較濃的建言。

這同時也是針對過去加害責任的觀點過於薄弱的一種反省。在教育現場，學生中心主義的潮流增強氛圍中，可以觀察到有些應對方式，幾乎等同擱置了對於加害者的指導。「以教育指導為主」的風潮之下，這也是讓過度注重受害者諮商的狀況，將方向調整為從教育層面導正加害者偏差行為。

至於「停學處分」，在一九八三年學校教育法修正中原本就已有制訂。之後，由於暴力行為增加，力求適切運用，做為「部分修正學校教育法的法律」，在二〇〇一年第一五一次國會當中成立。

但是，問題依然沒有解決，像是手續繁瑣、適用的兒童和少年的範圍難以特定、停學期間的指導機制不易確立執行、學校的配套措施導致停學期間過短等。造成針對加害者的停學處分沒有受到活用，教育現場也對其實際效果存疑。

在教育重生會議的建言中，值得注意的是，它不僅提到直接涉入霸凌的加害者，同時也提到在現場目睹霸凌的孩子們，強調「旁觀者也是加害者」。關於這一點，在一九九五年的「霸凌緊急對策會議」報告〈處理霸凌問題的基本認識〉開宗明義在第一項就已經提到：

「關於霸凌，如果有人旁觀或起鬨，這些行為和霸凌者同樣不能原諒。讓學生認知到這件事情，是很重要的教育。」呼籲目睹霸凌的孩子們產生自覺，已是到自己身為構成學校這個社會一分子，具有應盡責任的重要。

不過，這分報告公布之後，由於缺乏具體的行動，就在看不到明顯變化的情況下，面臨霸凌的「第三波」浪潮。在這段期間當中，每當霸凌演變成案件，在許多旁觀者和起鬨孩子的眼前，受到霸凌孩子們的慘狀，似曾相識（déjà vu，既視感）一再上演。

從心理問題到社會問題

日本的霸凌「第三波」，從個人的心理問題到眾人的社會問題，迄今已超過二十年。這一波不僅為霸凌定調，也從不同的視角，呈現採取防制霸凌的必要。

其中之一，就像教育重生會議中的焦點，並不是放在過於單純且直接地將行為責任連結到懲戒加害者，而是必須教育孩子們，每個人應該履行身為構成社會一分子應盡的行為責任。換句話說，就是有必要開發教育孩子的指導方式，培育每個孩子的「社會責任能力」。這是近年在歐洲，將重點放在「培育公民權責」上而致力的教育課題，同時也是社會的課題。

在日本也是如此。近年來，針對年輕人和孩童，內閣府、文部科學省、經濟產業省等也都賦予了培育「社會性」和「人間性」（按：身而為人應有的社會和公民素養）這個課題。「社會責任能力」，是形成這些能力根基的要素。

這是人類維持社會和團體運作以及追求自我實現不可或缺的資質，在社會中生存的基本能力、也可以稱為**社會素養**（social literacy）的能力與資質。

所謂「社會責任能力」，並不是僅對個人要求就好。在現代社會當中，企業的社會責任（CSR，corporate social responsibility）與合規（compliance）的重要性漸增。霸凌問題與現代社會的課題來自相同的根源，同時也與社會中個人以及企業活動的樣貌有著不可分的關係。

中小學學生會的活用

話題再回到霸凌對策的情境。在經過「第三波」之後，霸凌對策開始出現變化。例如在中小學的學生會活動中，致力於霸凌對策的行動持續增加。原本中小學的學生會，並不是為了應付霸凌問題而產生的組織。但是，在他們活動中加入因應霸凌問題的對策，這件事有相當大的意義。這是因為，即使他們處理的對象僅限於霸凌者或被霸凌者，但去支援一起構成學校這個社會的夥伴，就能形成相互支持的**社會聯繫**（social bond），可以提高團體的同儕意識。

這與在美國和英國等進行的**同儕諮商**（peer counseling）手法有共通之處。但是，在日本，如果在霸凌問題提到同儕諮商，多半會傾向於比較狹隘的解釋：「藉由直接讓孩子們成為商量對象，以解決霸凌的手法」。但是基本的想法，其實是一個涵蓋範圍廣闊的活動，目的是藉由讓孩子們自主活動、成為相互支援的夥伴，來改變學校的氛圍，使其完整和諧。活動對象也不僅侷限於霸凌，還有身心障礙、學習遲緩、戰爭難民等，非常多樣化。

活用中小學學生會的另一個意義在於，讓孩子們意識到，霸凌不只是當事者的問題，同時也是學校這個社會的問題。不僅幫助面臨問題的個人，同時也可以憑藉自己的力量找出整個團體面臨的問題，藉由解決這些問題，將學校變成一個愉快舒適的場所。做為「公民權責」教育的一環也非常有意義。在這種情況下，霸凌問題不僅是應該解決的課題，同時也是一項良好的學習教材。

以往防制霸凌的策略，都是訴諸於道德，將「霸凌，是身為一個人絕對不能原諒的行為」這個想法深植人心。不過，如果善用中小學學生會，將對策從「心理訴求」轉換為「社會訴求」。換句話說，不是在個人心中嵌入反霸凌的剎車器，而是藉由增加社會和團體的牽制力量，將防制霸凌的剎車器嵌入團體內的嘗試。

學校脫離過重的負荷

在經過「第三波」出現的另一個變化，是轉換到不只學校，大家開始嘗試在包含家庭和地區鄰里的「生活總體」中探討這個問題。正如在「第二波」末期出現的「心理主義化批判」中可以窺得的，不把霸凌問題關在個人心理或是學校中，而開始傾向於將其視為應在社會這個寬廣的範圍中解決的問題。

落實的是在學校招聘社會工作師，倘若校園諮商師是心理諮商體制的支柱，那麼可以將學校社工師的角色，定位在將社會福利的觀點導入校園，使其提供支援給孩子與家長，進而聯結校園生活與家庭生活的基礎。

此外，是學校和相關機構的「行動互助」得以落實。我們已經再三強調過，面臨孩子的問題行為時，更進一步推進兩者的互助合作，以及建立具體的系統之重要性。但是，直至今日，被指出相互連動依舊不足的實例卻層出不窮。此外，現今孩子們的問題行為的嚴重程度，已經不是學校單獨對學生指導所能夠應付的了。

在問題行為的背景當中，有不少是「無能養兒育女的失職父母」「脆弱的經濟基礎」「糾結的家庭關係」「對校方的不信任」。在這樣的案例當中，不只孩子，很多情況是連家長也需要支援的。但是，再怎麼說和學生有關，學校畢竟沒有介入家庭的權限，因此，必須和福祉機構合作。或者，當霸凌發生在校外，牽連到包括畢業生或沒有工作的少年之不良集團時，警察或社區鄰里居民的協助就是不可或缺的。

有鑑於此，文部科學省成立了「學校與相關機構的行動互助研究會」，於二〇〇四年三月，打破以往單純交換資訊的狀況，為了以團隊形式提供孩子們支援，整理出具體描述互助體系的建議。這個建議在同年就做為行動互助的推進事業而得以實施；雖然誕生於面臨「第三波」之際，但這些建議也適用於當前的霸凌問題。

做為國家施行的政策，像這樣提倡互助帶來的效果，並不僅限於霸凌問題。藉由互助，地域社會（按：區域社會，即社區鄰里）的教育能力獲得新生，也拓展了官民之間的合作帶來嶄新「公共性」重組的可能性。在此最重要的是，對於有脫序行為的孩子們，不是用威脅或懲罰來壓制，而是幫助他們在社會中自立，培育他們成為自行參與企畫的主體。這個方向性，蘊含了創造出與「嚴罰化」不同的社會應對之可能性。

學校教育的責任，並不是只限於孩子們的在校期間。

應該是把孩子送到社會上，藉由幫助他們成長為社會參與企畫主體，來達到學校功能的系統。正視遇到問題的孩子們，和幫助他們成長的人或機構互助合作，建立讓他們在社會上自立的機制，是一個應該置於學校教育根柢的觀點。同時這也是地區社會不可或缺的態度。

「由社區鄰里共同養育孩子」的口號喊出時日已久。對於相較於以往更進一步的行動互助的摸索，也是為了建構在學校的參與中，嘗試官民合作的新社會模式。

如此，日本的霸凌問題，經歷了「第三波」，從個人心理層面的應對，雖然步履緩慢，但開始朝向社會基礎的建構邁進。

第三章

霸凌是什麼

1 霸凌的共通要素

霸凌在任何一個社會、任何時期都可以觀察得到。之所以可以觀察得到，是因為即使用語不同，它們還是具備了共通的要素。在研究上也是，時至今日，已經統一為大致相同的概念，在OECD等國際機構以及霸凌相關研究的論文中，都統一使用「bullying」一詞。

但是，即使同樣是「霸凌」，它出現的形式卻是千百樣。如果我們用世代來區分，就會有「大人之間的霸凌」「小孩之間的霸凌」「發生在大人與小孩之間的霸凌」等等。舉例來說，大人之間的霸凌，又可以細分為「職權騷擾」（power harassment，按：日式英文，職場中以職位權威欺凌部屬或員工）、「性騷擾」（sexual harassment）、「學術騷擾」（academic harassment，按：日式英文，學校或研究機構中為人師表者濫用權力欺凌其他教職員或學生）、

「配偶或同居伴侶之間的暴力」（domestic violence）、「家人之間的暴力」等，用語和特性各有定義，是在「霸凌」這個「類」的概念之下構成的「種」。

而在日常用語當中，比如說對於同一現象，有時候稱為對教師的暴力，有時候稱為教師霸凌等，使用的人常常使用時在意識上並沒有去區分「類」還是「種」的概念。

但是，當孩子之間的霸凌演變成重大社會問題時，變成提到「霸凌」，一般就是指「小孩間的霸凌」。因此，雖然並沒有當成嚴密的語法確立下來，針對「大人間的霸凌」，就像「職權騷擾」「性騷擾」等，一般不會用到「霸凌」這個詞。

要定義「霸凌」這樣的社會現象，全數詳細列舉它概括的所有種類是極為困難的。因此，採取的是解析出各種形貌的霸凌中共通的性質，進而說明這個現象的「內涵式」定義方法。在本書中，是著眼於各國孩子們的霸凌，從中歸納共通的性質，來當成霸凌的定義。

此外，如果分析出來的共通性質，也能夠在大人間的霸凌，或是其他的霸凌中同樣觀察得到，那麼我們就可以將這些性質拿來構成「霸凌」類觀念的定義。不過，此驗證已超出本書主題，留待日後研究的課題。

各國對於霸凌定義的變遷

現今，許多國家都在進行孩子之間霸凌的研究。概觀霸凌定義的演變，主要源於第一章介紹過的挪威研究者丹・歐維斯。由於他倡議的防制霸凌計畫和根據實況的調查研究，對於經濟先進國的霸凌研究與對策帶來了深厚的影響，因此，在許多國家都沿襲了他對於霸凌的定義。

歐維斯對於霸凌的定義是：「特定的學生處在權力不對等的情形，長期且反覆處在一位或多位學生的排擠行為下。」

這裏所謂的「排擠行為」，指的是「一位或多位學生對於特定學生刻意或試圖攻擊，造成身體受傷或心理不安等攻擊行為」，歐維斯強調，必須從霸凌中排除發生在「身體或是心理力量程度相當的兩個學生」間的排擠行為，將兩者間**權力不對等**（power imbalance，或人際強弱關係的失衡），視為定義霸凌的重要條件。（引自《校園霸凌》，暫譯，原名 *Bullying at School: What We Know and What We Can Do*）

最早注意到歐維斯研究霸凌的是英國的彼得．K．史密斯。史密斯和共同研究者們，試圖將抽象的歐維斯防制霸凌計畫具體化，著手開發霸凌對策計畫；這就是第一章提到的謝菲爾德計畫。

史密斯等人之後與歐洲、澳洲、中國大陸、韓國等國進行合作調查和比較調查，持續檢視謝菲爾德計畫的效果。各國的霸凌概念，就這樣在歐維斯和史密斯的影響之下建立起來。

另一方面，日本由於將霸凌社會問題化時期較早，概念化也較為領先。但是，正如前述，在海外資訊開始流入日本的一九九〇年代中期以前，霸凌一直被視為日本獨有的特殊現象。一九八〇年代日本的霸凌研究，實際上相當封閉，幾乎可以說根本是鎖國狀態。因此，這個時代的研究與對策，不但沒有在日本以外的國家發表，也沒有引用日本以外各國對於霸凌的研究和對策。另一個導致這種結果的原因是，在一九八〇年代，英國尚未將霸凌社會問題化，研究和對策的中心都集中在斯堪地那維亞圈。就在這樣的情況下，日本獨自進行研究和對策，其依據之概念構成也是單獨進行的。

但是，雖然日本和海外是在互不影響的情況下進行霸凌的概念構成，基本的要素卻是相同的。

日本在一九八〇年代的研究，的確是從「升學考試的壓力」「島民心態」「同儕團體的封閉性」「與大家採取相同行動的傾向」等地方找出霸凌的發生原因。但是，考慮到霸凌是超越文化、社會普遍觀察到的現象，那麼，即使乍見之下像是在特定文化或社會中特有的現象，它的作用機制也必須是人類社會普遍能夠觀察到的。

當時被認為霸凌發生原因，是在前述日本人的行動或意識背後，橫亙著人類社會普遍觀察得到的作用機制，像是「社會競爭」「欲求不滿」「壓力」「對團體的忠誠度和向心力的同儕壓力」「將關係納入己有」（占有欲）「排斥異己」（打壓、排擠）等。

這些原因，之所以看來像是日本特有的現象，只不過是因為那是在這些作用機制和日本社會緊密結合的情況下發現的情形。

就像這樣，要思考並處理人類社會普遍存在的霸凌，首先必須要做的是，超越社會、文化或時代的多樣性，抽出造成霸凌的共通要素。

霸凌三要素

為全球的霸凌研究與概念定義帶來深遠影響的歐維斯和彼得・K・史密斯的研究，和日本的研究者和行政下的定義，可以得知其中預設了構成霸凌概念的共通要素。

在此，我們並不會將個別的研究一個個拿出來做比較分析，但可以發現，許多研究著眼的是，「權力（或人際相對強弱關係）的失衡和濫用」「受害性的存在」和「持續性反覆性」的三項要素。

這些要素同樣也被共通使用在文部省判斷是否有霸凌現象的基準上；文部省對霸凌的

定義是「①單方面對於比自己弱小的人；②持續進行身心的攻擊；③使對方感到無比的痛苦」。

2 權力（或人際相對強弱關係）的失衡和濫用

在霸凌三要素中，「權力（或人際相對強弱關係）的失衡和濫用」，是界定霸凌本質基本且必備的要素。因此，根據筆者一九八五年的定義，著眼同一團體當中在**相互作用**（interaction，互動、交互作用）過程發生的「優勢－劣勢關係」，就包含在權力失衡的定義裏。此外，歐維斯在前述著作中，同樣定位於「要使用霸凌這個詞，必須存在著權力失衡（或不對等的人際相對強弱關係）」。史密斯不只著眼於強弱失衡的存在，更進一步提到「權力的濫用是組織性的，也就是刻意反覆進行時，這種行為就應當被稱為霸凌」，將「權力的濫用」視為定義霸凌不可欠缺的構成要素。

這裏所謂的**權力**（power），依照社會心理學與社會學的思考方式，廣泛地將其視為「對他人的影響力」。只要觀察我們的人際關係，就會知道有各種形式的強弱關係深入各種地方。原是根據能力的不同、經驗和知識的差距、受歡迎的程度、團體中角色的差異、社會階級的不同等，存在著形形色色的權力落差。

如果權力關係的天秤如果相當，那麼我們就說它是「對等／對稱的關係」或「權力的平衡」。倘若傾斜於一方，我們稱為「不對等／不對稱的關係」或「權力的失衡」。

權力的失衡原本就存在於我們生活的社會之中，這是稀鬆平常的事情，也沒有問題。然而，失衡的權力和不對稱的關係一旦遭人濫用，就會轉化成對他人的攻擊、騷擾或虐待。

我們要定義如本章開頭敘述，將「霸凌」視為「類」的概念，濫用權力失衡，應該是定義霸凌的必要條件。像是職權騷擾的發生原因，是職場中的上司濫用與屬下之間的強弱關係。在教育與學術研究場所，教職員濫用與學生之間的強弱關係，稱為「學騷」（AKAHARA，學術騷擾的簡稱，日式英文 academic harassment）。醫師濫用與病人之間的強弱關係，稱為醫療騷擾（日式英文 doctor harassment，指醫師揶揄病患的行為）。兒童虐待起因於監護人濫用與受監護的孩童之間的強弱關係；配偶或同居伴侶暴力起因於理應相愛的兩人之間濫用強弱關係所致。

相較於成人社會，在孩子們身處的團體中，制度和組織的結構尚未經過**社會分化**（social differentiation，社會從單純的同質狀態演變為複雜的異質狀態），有很多模糊地帶，像是「高學年—低學年」的關係，也和職場指揮命令系統產生的制度上的強弱關係迥異。因此，自然而然地，會以依照學生文化中非正式秩序產生的「強弱關係失衡與濫用」為主。在小孩社會的霸凌中，也可以觀察到和成人社會裏職權騷擾和性騷擾相同的現象，這些都被涵括在霸凌裏面。

霸凌隨時隨地存在，但我們能夠制止霸凌

「霸凌」一詞，在日常生活中的範圍很廣，並不僅限於人際關係。像是中小企業霸凌、開發中國家霸凌、平民霸凌等，也可以用在團體、組織、國家之間發生的強弱關係濫用上，放諸四海皆然。這是因為我們對於霸凌的認識，總是和人類社會的權力磁場中存在的問題

連動。

關係的失衡，就是如此可以普遍觀察到的現象，只要有人際關係、有團體或組織的關係，就會發生霸凌。甚至我們就是仰賴這種強弱關係的失衡，才能建立關係，形成團體和組織並且持續營運，這麼說一點也不為過。

在社會中擔負職務、發揮領導力，進而分配資源、維持秩序、管理營運、進行教育和社會化等，對於社會及團體而言，這些都是不可或缺的社會運作，也全部建立在權力的失衡上。權力的失衡可載舟也可覆舟。這就是對於任何人來說，不分古今中外，可能隨時隨地都有發生霸凌的原因。

但是，霸凌的普遍存在，只是一種潛在的可能，並非必然。

有時候，在特定的社會問題中，潛藏著因為是人或維持團體運作所造成的問題。霸凌，源於人類社會權力磁場的問題，正因如此，如何將防制霸凌的「剎車器」嵌入我們生活的社會中，就是課題之一。

任何社會都會產生強弱關係的失衡，但是，我們可以建構能夠牽制權力的濫用，進而制止霸凌的社會。

流動性：霸凌的特質

如果霸凌是濫用不平衡的強弱關係所致，那麼在霸凌的基本性質中，也反映了這一點。因此，我們想要理解霸凌、制止霸凌，就有必要掌握權力濫用必然的基本性質，重點整理如下：

①霸凌其實可以避免

我們必須掌握這個霸凌的基本性質。為了防制霸凌，我們做了各種努力，就是為了避免在人際關係或團體的社會營運中產生的受害，即使發生了，也要將受害情況降到最低的程度。

②霸凌是關係性的病理

霸凌不是潛藏在人性深處的「業」，而是寄宿於社會強弱關係的病理。就算能力不好，也可能換個時間或場所就變好了。或者同樣的人際關係，平衡也可能因狀況發生變化。

在霸凌剛開始社會化時，霸凌者和被霸凌者個性的研究，是中心主題之一。瀧充將當時研究者在「霸凌孩子與受凌孩子的個性」中舉出的特性，以及指導手冊出現的個性特徵一一列出，針對每一種人格特性，做了出現霸凌孩子和受凌孩子的機率調查。調查的結果，已經證明了霸凌並不會附隨在特定人格特質上發生。

此外，我們常常可以耳聞「強者對弱者霸凌」的說法。但是，並不是具有特定性格的人，才會霸凌。換句話說，並非總是權力較弱的一方遭到霸凌，有時候，也有強者因為能力太好在團體中過於突出，反而成為箭靶。像是有一位個性比較認真執著的孩子，可能因為這樣的個性，得到團體和夥伴的信任。但是，也有可能因為他過度投入團體所追求的成果（按：像是比賽成績），集中火力攻擊團體中相較之下表現欠佳的「害群之馬」；結果，這個認真執著的孩子成為「霸凌者」。相反地，也有可能因為能力太強，在團體中顯得突出而成為大家排擠的對象，也就是「受凌者」。

如前所述，霸凌本身就有**情境依存性**的特質。並不是固定在團體中角色的「上位－下位」關係，也沒有固定在一個人的性格特質上。

③霸凌者與受凌者的關係也並不固定，有時也會有立場互換的情形

如上所述，權力的平衡是流動的。像是原本是霸凌者的孩子成為受凌者，也會有相反的情形。有時候是發生在同樣的成員當中，有時候是發生在其他的對象。

但是，它們卻不是經常性的對調。「要霸凌、還是不霸凌」「要受人霸凌、還是不受人霸凌」，這些，都是依據當下所處的場域和情況可能有選擇餘地的。而以教育為首，能夠發揮對孩子們影響力效果的空間，就在這裏。

④霸凌是加害者將受害者放在弱勢的位置上再予以欺凌

上述②和③中列舉的特質，必然會將這個④的特性帶入霸凌當中。在以往的霸凌研究當中，將孩子容易被霸凌的性質視為**脆弱性**（vulnerability）。在以往的研究當中，脆弱性是屬於個人的特性，視為促成霸凌的主因。

的確，個人的「脆弱性」與霸凌受害有關。但是，當我們用人際相對的強弱關係（權力的失衡）來審視實際上發生的霸凌現象，比較符合事實的是，並不是說，「脆弱性」是促成霸凌的前提，應該是說，在相互作用的過程中，對方（受害者）產生了脆弱性，然後占優勢的那一方（加害者）進而濫用這個權力。所謂的霸凌，是找出對方的脆弱性加以惡用，或者說是讓對方逐漸產生脆弱性的過程。

比方說，在班上對於成績優秀孩子的忌妒逐漸擴散開來，對他的霸凌很少會出現在「學習的現場」。因為，他在學習的現場是居於上位，具有強者的優勢。但是，課後進行班級活動時，如果這個功課好的孩子為了趕著前往補習班而早退，立刻就會出現「他為了拿到好成績不擇手段」之類的中傷誹謗，以口語或網際網路傳播擴散。接下來，成績不如他的多數人就會開始排擠他，像是霸凌者這一方提出訴求，主張班上每一位同學對於班級要有忠誠度和向心力，因此不能從課後活動中早退，製造倫理的正當性，藉由濫用權力，進而破壞對方在學習現場的優勢，企圖以正義為名，贏得多數人的支持。接著孤立這個成績優秀的孩子，把他逼到劣勢的絕境；遭受霸凌的一方，被迫認為「我也有不對的地方」，處於甘心忍受霸凌的立場。

前述說明霸凌的**流動性**，希望大家了解，霸凌並不是特定於某些人格特質或能力。不過，在現實當中，受害卻會集中在特定的孩子身上，也就是說霸凌對象會特定化。甚至可以說，嚴重的霸凌受害，都是因為這種受害對象的特定化帶來的欺凌。

其實這一點，和流動性和情境依存性這些霸凌的特質並沒有相互矛盾。之所以會特定化，是由於權力的平衡持續傾斜，加上在這樣的情況下，權力持續遭到濫用所致。旁觀霸凌的孩子們和教師的抗衡，具有讓偏向一方而且特定化的權力取得平衡的作用。之所以可以抗衡，是因為強弱關係是流動並且依存情境的，而建構在這個強弱關係的霸凌，也具備了同樣性質所致。

權力資源

要影響對方、讓對方順從自己，都會需要背後支持的資源。不管這個權力是正當情況，或是像霸凌那樣濫用權力的失衡，這一點都是不變的。所謂資源，是賦予權力實效性的根源。

因此，不平衡的權力強弱關係，可以看做是資源間的優劣關係造成的。也就是說，所謂的霸凌，可以說是加害者動員有利位置的資源，加以濫用以形成一己的優勢。

用這樣的觀點來看，重點就是在處理霸凌時，必須深入一步，探索孩子們日常生活中權力強弱的關係，找出背後潛藏著的權力資源，從中使力並改善。因為藉由操作權力資源，能夠削弱加害者優勢的基礎，或者強化受害孩子們能夠脫離霸凌的基礎，進而阻止霸凌。

在霸凌現場，有各種權力資源，列舉三項如下：

①體格和能力的優勢：與生俱來的強大

人高馬大、身強體壯、肌肉發達、運動神經極佳等優勢，既可能成為霸凌的權力資源，也可能成為暴力資源。而且，不需要實際濫用，只要擁有這種先天優勢的資源，一站出來就能帶給對方（受害者）威脅。

②來自他人的參考：遵循基準（reference）

參考個人（reference individual）是社會學者羅伯特・金・莫頓（Robert King Merton）的用詞。指的是藉由將某人的價值觀或態度內化，進而影響己身價值或態度形成的參考對象。具體來說，就是一個人信賴或抱持好感的對象，有時候會成為自己典範的那個人。班級裏或同儕中受歡迎的程度，也是一種參考資源。利用這些參考態度加諸暴力和刁難時，霸凌就發生了。

有些孩子受到父母嚴重的虐待，然而，還是拒絕分離；有些孩子不會把被虐待的事實告訴老師，這是他們共通的天性，配偶或同居伴侶之間的暴力，也是基於他們是愛的共同體。施暴的一方利用了愛和感情，受暴的一方則遭到束縛。霸凌有將禁錮對方而且不讓對方逃走的特性，參考態度就是枷鎖之一，也是一種架起禁錮牢籠的關係資源。

③專家權威性

這也是人際關係中重要的資源。豐富的經驗和知識、高超的技術和能力等，可以加深對他人影響力，強化在團體中優勢的資源。

地位、職位與角色等，強弱關係的不平衡，是潛藏於社會結構中的權力資源，制度上認可站在優勢的那一方發揮其優勢。正如前述，大人社會中的職權騷擾，就是一種對於權限、裁量權，或是相關賞罰控制權的濫用。

但是，孩子們在學校和同儕中，由於地位造成的強弱關係失衡並不多。學長姊與學弟妹、社團活動和班級活動的領袖，雖然被賦予一定的權力，可能成為引起霸凌的原因，但相較於成人社會，權力的優劣是較少的。

做為資源的網際網路

在權力資源中，除此之外還有各種型態。尤其是手機簡訊或電腦電子郵件、部落格、社群網站、聊天室等，濫用數位世界的便利，造成網路霸凌（cyberbullying或cyberharassment）、誹謗中傷，已經成為社會全體應努力解決的迫切課題。

以往的霸凌理論，都將網際網路定調於霸凌的手段。但是網路並不只是手段，其特性有時會賦予人們在現實人際關係中，原本不存在的權力資源。

比如說，由於網際網路具有匿名特性，因此一般來說，比較難以鎖定散播訊息源頭。

因此，無論是霸凌者的原本面貌，或是他和現實生活中受凌者的人際關係，都能夠隱藏。即使在現實世界的人際關係中，一個沒有任何權力、處於弱勢立場的人，也能夠透過網路，顛覆現實中的強弱關係，進而讓自己成為強者，站在優勢的上位。換句話說，惡用網路，連在現實世界裏被霸凌的孩子，也可能變成霸凌者，甚至進行復仇。

網路之所以能夠變成如此強力的權力資源，是基於其資訊能夠瞬間散布給廣大範圍不特定多數對象的特性。在網路上的投稿，即使沒有直接人際關係的人也看得到，要確認有多少人看過是不可能的。因此，有時受害情形出乎預料，帶給受害者的不安也非常強烈。其後果嚴重性絕非耳語或塗鴉所能比擬。

此外，網路不受時間和場所的限制。言語或行動上的霸凌，可以藉由遠離霸凌者暫時躲避受害，但手機簡訊或網路上的投稿，卻會隨時隨地不斷映入眼簾，把對方逼到無路可退的絕境。

可以預見未來網際網路還會持續進化。在處理這個問題時，必須考量網路特性，將課題明確化。

大人言行的影響

還有一個我們必須注意的，就是孩子們會從自己世界外側擷取資源來進行霸凌這一點。其中一個，是教師的言行。常見的是，教師嘲笑或輕視特定的孩子，變成霸凌的開端，或提供霸凌者正當的理由。

另外，我們不能漠視大人言行舉止。這裏說的「大人」，不僅限於和孩子們有直接關係的大人，還必須思考包括媒體發出的訊息。因為在幫助霸凌者占優勢的權力資源中，有時摻雜大人社會中，既有的「排擠的結構」或「歧視與偏見的眼光」。不少霸凌的例子，源自於大人社會中，看待「文化同化」「異族」「身心障礙」「單親家庭」「貧窮」「街友」的眼光，被帶入了孩子們的世界。

霸凌被認為是和人權有關的問題。這並不僅限於受到霸凌孩子的人格遭到踐踏的部分。我們必須正視一個事實，那就是踐踏孩子們人格的是來自大人社會的眼光，光憑孩子的力量其實無法與之抗衡。

3 定義霸凌

受害性

本章主題，是找出在各種社會、各種時代都能觀察到的霸凌共通要素，這同時也等於思考在具備哪些條件時，我們可以說發生了霸凌。

所謂的霸凌現象，成立於有人霸凌，有人被霸凌。也就是有加害行為就有受害情形，看起來並不需要小題大作，談一些艱澀的「現象的基本要素」還是「定義的構成要件」之類的。但是，當我們要在現實生活中處理霸凌問題時，必須始於判斷眼前發生的現象是霸凌。此時，究竟是加害行為與受害情形缺一不可、還是憑加害行為來判斷霸凌、或者是只要有受害發生就算，攸關事實認定的範圍。範圍訂得太窄，就可能明明發生了霸凌卻遭人視而不見、棄之不顧。而範圍訂得太廣，則不是霸凌的行為也會被當成霸凌來處理。

接下來，請容筆者先說結論。

霸凌，是將事實認定的基礎，聚焦在遭到霸凌者的受害感上。這是因為，霸凌主要是造成心理創傷的行為，受害發生在受害者內心，這不是輕易能夠由他人從外側判斷的事情。性騷擾與職權騷擾等，在進行事實確認時，首先也是將受害發生視為最根本要件，同樣是基於這個理由。

如果我們在判斷是否發生霸凌時當場訴諸加害行為，那麼就會無法找出加害者本身沒有察覺的案例。或者，即使加害者意識到自己的霸凌，卻不承認或是謊稱是逗著玩，甚至在別人看不見的地方進行等狀況，要證明加害性並不容易。這也是將基礎放在受害感的理由之一。

現今，除了司法，不管在教育行政上，或是研究領域上，都採取將事實性基礎置於受害者內面主觀的思維方式。這一點在國外也是相同的。

文部科學省對於是否有霸凌事實的判斷基準（二〇〇六年度改訂）中，規定必須「站在被霸凌兒童少年的立場進行判斷」，並且將霸凌定義為「由於受到心理和物理（肉體）的攻擊，導致精神苦痛的行為」。森田的定義（一九八五）也提到給對方「帶來精神的苦痛和身體的苦痛」。由於認定霸凌的基礎是精神的苦痛，因此定義時，將精神的苦痛置於身體的苦痛之前。

讓我們來思考，霸凌與打架的不同。兩者都可能因拳打腳踢等暴力行為造成受傷。但是，打架只要傷勢痊癒，身體上的痛苦就會消失。相較之下，霸凌在承受身體苦痛的同時，精神也受到傷害。這個傷害，即使在身體的疼痛消失之後，多半都會繼續殘存，嚴重的霸凌甚至會造成受害者心理創傷。

霸凌造成「心靈內傷、看不見的傷痕」，這種基本認識和應對方式，在霸凌問題上是很重要的觀點。

如何讓霸凌造成的心理創傷復原

該如何解決霸凌問題呢？其中一個方法是，將遭到霸凌的孩子從受害情況中救出，讓他不要再次受害。

但是，如果考慮到霸凌受害在內心的這個性質，以及孩子成長・發育的觀點來看，光這樣是不夠的。必須讓他們內心的創傷復原、去除受凌的孩子在成長過程中會阻礙他們的事物。不應該將表面上問題的解決視為「霸凌的終結」。沒有做到讓孩子內心創傷復原，就說不上是真正解決了霸凌問題。

根據各種調查和案例報告，遭到霸凌的孩子，許多人陷入自卑、喪失自尊心或自我否定的情緒。

再加上他們會想要防衛自己不要再次受害，有許多人會失去對人際關係的積極度。此外，也有不少人會因為專注度的降低和學習動機的減退，而惡化成為拒學問題。其中還有出現由於無法信任他人、對社會感到不安、強烈精神痛苦帶來的情緒不穩定或心身症等精神疾病，或是陷入心理創傷等嚴重案例，也有些人在畢業後的人生依舊繼續背負著這些創傷。並非所有遭到霸凌的孩子都會陷入這樣的情況，但是幫助他們脫離這些情況也是很重要的工作。

心理創傷無法痊癒，最嚴重的悲劇，就是自絕生命。每當有人因為霸凌而走上自絕之路，在學校教育當中就會展開「生命教育」計畫。但是，這些計畫內容，似乎多數都設定為生物學上的「生命」。不過，因為霸凌而消逝的，絕對不僅限於肉體。

自尊心、自我肯定感或在未來自我實現的「人類存在」，也是生命的另一個面向，由於自絕也隨著消逝。人需要透過和同儕團體的連帶感，來證明自己活著，自己存在這個世界上，自己的生命是有意義的，感到對社會有貢獻。霸凌則會扼殺了這些「社會性存在」的生命。

受到霸凌的孩子們，不少是活在鹿川裕史同學在遺書上寫的「人間煉獄」中。那是因為霸凌的受害情形，不只帶來身體的痛苦，更影響到身為一個人的存在價值和意義，帶來社會性的死亡。

反覆性和持續性

以往就曾有人提出，受到霸凌的孩子和家長對校方反映，得到的回答卻是「無法確認其持續性，所以不算是霸凌」。這是因為，文部科學省從前判斷是否為霸凌的基準在於「持續加以身肉體和心理的攻擊」的緣故。

將受害情形是否有反覆性、持續性，當成判斷霸凌基準的觀念，也同樣存在於日本以外的其它國家的霸凌研究中。史密斯陳述「權力濫用是有組織的，也就是反覆蓄意進行的，其行為即可成為霸凌」，將「反覆性」視為霸凌的基本要素。此外，歐維斯將「特定學生反覆且長期的」受到霸凌的狀況當成定義的構成要件。他將「反覆性」和「持續性」並列為要件，比史密斯更重視這個要素。日本警察廳或許多研究者，也倣效這些先行研究，採取將反覆性和持續性當成基本構成要素的立場。

不過，正如歐維斯也承認的，「僅只一次嚴重的惡作劇，依情況也可能視為霸凌」。職權騷擾也同樣的，一般都將持續性與反覆性當成構成要素，但即使僅有單次，當其涉及重大的人權侵害時，就能夠稱為職權騷擾。

定義，必須要涵括所有的現象，不能有任何案例被遺漏在外。因此，森田在定義中將此要素從定義構成要素中剔除，把是否為霸凌的判斷，交由認為遭到霸凌的本人決定。另外，文部科學省也在二〇〇六年度調查實施之際，修正以往的基準，要判斷是否有霸凌現象時，強調「不能在表面上、形式上進行判斷，而應站在受凌兒童和少年的立場」來進行，刪除了以往基準中持續性的部分。

團體與人際關係的圍欄

我們已經看到霸凌會藉由將對方趕入逃不掉的圍欄中，以發揮最大的效果。而禁錮他們的圍欄，就是教育全體，是將其具體化的學校或班級這個空間，是包括家長和當事人在內的人們和社會對受教育的期待。並不是義務教育這個制度的錯，但是對於被霸凌所逼、無處可逃的孩子們而言，義務教育是沉重的枷鎖。

假定霸凌發生在學校以外的場所或是人際關係中，那麼教育便不是逃不出的圍欄了。但是，在現實當中，孩童的霸凌絕大部分都發生在學校和學校發展出的人際關係中。

根據我們在一九九七年，以日本國立和公立小學五年級到中學三年級六九〇六人為對象，實施的標本調查顯示，進行霸凌的孩子有八成是同班同學。這是詢問受凌孩童得到的結果。雖然不同班但是同一個學年的情況也很多（二四％）。另外，被霸凌的場所，教室占了壓倒性的多數（七五％），接下來是走廊和樓梯下方（三〇％）（因為是複選題，合計超過一〇〇％）。

還有，根據此調查，霸凌幾乎都在校內發生，校外僅占了七％。即使是校外，也多為上學和放學途中，因此我們可以說，學校是霸凌發生的主要現場。

正如前述，霸凌發生在學校這個框架中，其中很多是上演於班級這個圍欄內。的確，可以藉由翹課或拒學這些手段來緊急避難，就算到了學校，似乎也可以自己保護自己，或是向朋友或教室尋求協助。

但是，如果做不到這些，就只有一味忍耐下去。霸凌上演得愈激烈，遭到霸凌的孩子就愈會假裝不介意，或是忍氣吞聲。這個時候，學校和班級就變成逃不出的牢籠。

文部科學省在分發給學校現場的資料中，要求視狀況安排轉學或調班。就算採取措施也無法阻止霸凌時，有必要將暫時斬斷受凌孩童與霸凌孩童間關係的措施列入考慮。也就是，必須在牢籠圍欄上開一個緊急逃生門才行。

親密關係中產生的霸凌

禁錮的圍欄，不是只會發生在學校或班級這些空間，也可能發生於親密關係當中。

在此，容我們介紹一下在調查中值得玩味的資料。雖然進行霸凌的孩子多半是同班同學或班上的夥伴，這當中卻又存在著各種不同的關係。**圖3—1**是我們詢問受訪者和進行霸凌的孩童親疏程度的統計結果。

一般而言，大家傾向於認為進行霸凌的，應該是彼此的關係較為疏遠，或是平時彼此感情不好的對象。但是，事實卻正好相反，發生在「經常玩在一起的朋友」當中的案例最多，其次是「不時交談的朋友」。這兩項加在一起高達八成。我們可以得知，霸凌者和被霸凌者之間的關係，至少在發生霸凌之前，是非常親密或是可以正常交往的關係。

在最後被逼上自殺之路的案例當中，也有的發生在原本教師以為相處融洽的團體中，教師驚訝地表示：「萬

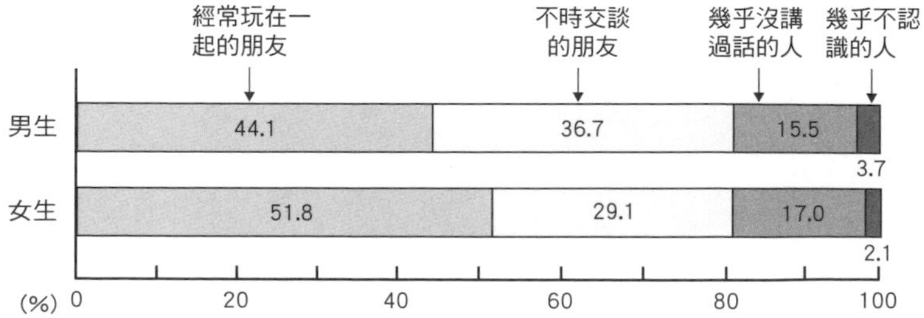

圖 3-1　霸凌者與被霸凌者的親密程度

萬沒想到在他們之間居然有霸凌情形，難以置信」；**圖3—1**顯示了我們主觀意識中潛藏的危險性。

另外，這個圖是依性別分開統計的。霸凌者是經常玩在一起的朋友的案例，女生多於男生。相對的，遭到不時會交談的朋友霸凌的，則是男生較多。我們可以得知女生遭到霸凌的對象，來自較為親密的關係。這也和女生較常採取排擠手段有關。

在霸凌中，加害者要讓受害者處於弱勢，「無法逃脫」最有效的方法，就是將受害者禁錮於團體或關係的圍欄中。對於根本不在團體裏面的孩子而言，排擠是沒有效果的。在受害者還希望維持關係，或遭到團體排擠孤立感到不安時，加害者的攻擊力就增強了。

大家容易有一種想法，就是要逃出像學校、班級這種「組織」並不容易，但是，朋友關係則是想逃就能逃出來的。事實上，老師和諮商師有時候會規勸遇到嚴重霸凌的孩子，斷絕和那些霸凌孩子們的關係，試著和別的團體的孩子做朋友。但是，不少情況之下，孩子們並不會聽從勸告進而斷絕關係。那是因為就算發生了霸凌，親密的朋友關係仍然是受到霸凌者的情感歸屬，依舊能夠提供他們一定程度的滿足感。

霸凌，比起在配偶、同居伴侶或家人之間發生的家庭暴力或是兒童虐待，或許比較容易逃脫。但是，正如受到家人以愛為名剝奪精神自由一樣，學校和班級，也擁有名為歸屬與自我實現的枷鎖，想要逃脫出來，其實很困難。

遭到霸凌的孩子，之所以多半不會告訴教師或家長，一般認為是因為擔心在大人介入之後，遭到加害者報復，或是霸凌狀況更加惡化。但是實際上不只如此，孩子們會害怕大人介入了孩子們的親密關係後，原本的關係會被破壞，自己將失去歸屬，或是對於即將遭到孤立感到不安。此外，對於出賣同儕的背叛感也會很深。

不過，我們在思考禁錮的圍欄時，還不能忘記介於霸凌者與被霸凌者之間「強弱關係的不平衡」。這是權力築起的圍欄。置身霸凌的受害者孩子是無力的，要他們保護自己不是容易的事。我們的調查中也顯示出，被霸凌的孩子會有服從權威的傾向。此外，有不少例子是在他們遇到嚴重的霸凌，試圖從關係中逃脫時，霸凌者會行使權力維繫住原本的關係，並進行更嚴重的霸凌。因此，同時考量孩子們平時人際關係相處模式是很重要的事情。

本章的目的是歸納各國霸凌的共同特性。對照之下，「禁錮的圍欄」並非霸凌必備的共通要素。但是，正因為事關教育這個制度，這個問題有著不容忽視的分量，也可能成為霸凌悲劇的溫床。

日本社會一向被認為是壁壘較為分明的社會。的確，在現代日本社會中，個人與團體，或者個人與個人的關係產生了很大的變化，更加傾向個人化。但是，無論如何變化，我們每個人都沒有堅強到能夠孤獨生存。就像兩隻豪豬，想要互相依偎而靠近，這麼一來，彼此身上的尖刺就會傷到對方。但是一旦遠離彼此，又會為了尋求情感歸屬而互相靠近，如此循環。因此，「豪豬兩難說」呈現當今人際關係的矛盾。

即使遭受霸凌，也必須從自己屬於群體一分子的事實試圖找出意義，利用這樣的人性弱點，霸凌的手段愈來愈高明，而且外人更難以察覺，導致受到霸凌的孩子無法舉證檢舉霸凌者，甚至被逼到走上絕路。

即使如此，孩子們還是無法逃脫占據生活大部分的學校和校園生活。或許，那不是霸凌者們刻意圍出的圍欄，而是一種如影隨形糾纏人際關係的性質。

森田洋司對於霸凌的定義

一般而言，在研究的世界裏，要定義一個現象，會探討其學術意義、遣詞用句力求精確，能夠涵蓋的範圍等。但是，關於霸凌，如果在現實當中無法判斷眼前發生的現象是霸凌，那個定義就沒有意義。因為在沒有被界定到霸凌當中的情形之下，就無法從學校或周遭的孩子們那裏得到任何的援助。

但是，再怎麼優先考量務層面的要求，也不該輕視其正確度。基於定義涵蓋範圍太窄，造成從定義中遺漏的問題一旦被擱置，就可能造成受害情形的擴大。同時，如果定義模糊不清之處太多，就會無法採取適當的措施。

因此，筆者將霸凌定義如下：

「所謂的霸凌，就是在同一團體內的相互作用過程中，處於優勢的一方，刻意的，或者集體造成他人精神上・身體上的苦痛。」（森田：一九八五、一九八六）

在這個定義當中，將霸凌定位在「造成加害—受害關係的行為」。正如前述，關於是否發生霸凌的事實界定，強調將基礎置於受凌者的受害感上。但是，如第二章所述，將加害者的行為責任明確化也很重要。因此，在這個定義中，不但加入遭到霸凌孩童的受害感，同時將這種受害感定調於霸凌者的加害行為。在定義句中使用了「苦痛」這種受害感，和「造成」這種和加害行為有關的表現。

為了讓定義更加明確，在此從最初的表現開始依序補充說明。

「同一團體內的相互作用過程中」，在本書限定於以學校為中心的孩子們的團體與其人際關係。當然，也有大人團體間的霸凌，和發生於大人和小孩關係之間的霸凌。在日本以外的國家，提到「發生在學校的霸凌」則包含了教師—兒童和學生間的霸凌。但是，在此為與文部科學省基準整合，將範圍限定於孩子間的人際關係。

再者，「同一團體內」的表現中，包含了學校教育這個制度架構之下的學校社會。並且，這個表現也點出人際關係與團體帶來禁錮的可能性，意指霸凌具有將對象置於無法逃脫立場後再施行的特性。

「處於優勢的一方（中略）造成他人」的表現，意指霸凌是運用權力失衡的縫隙之間所發生的行為。這呼應了在各國霸凌共通性質中列舉的「權力失衡和其濫用」。藉此敘述，可以和彼此權力相當的打架、吵架、口頭爭執等做出區隔。

還有，或許有人會認為，如果要用「刻意」，適合與其並列的用詞應該是「無意」。不過，在這裏筆者還是選用了「集體」這個詞。那是因為要表達，就算每個人都是「無意」的，人們有時會因為群聚而造成類似社會心理學裏面所謂的**群眾行為**（crowd behavior）。比方說，擔心自己可能也會受害而不安，因此讓自己附和加害者，轉成霸凌的一方；或者同儕玩過頭，變成大家一起霸凌；或是加害者想要趕快擺平受害者而感到焦躁不已，進而主導全場氛圍，最後演變成為集體霸凌等狀況。

如同眾所周知，不管一個人在日常行為上多麼理智，群眾心理都會被當下的氛圍牽著鼻子走。日本社會團聚起來聯手霸凌的例子，比起歐美還要多，因此，群眾心理是個不容輕忽的重要因素。

此外，有時會有一種情況，就是成員個人對於共同體之營運漠不關心，導致團體呈現**脫序**（anomie 或 anomy）狀態，製造出如霸凌等脫序行為的溫床。當支配團體的是旁觀者時，團體就會墮落成純粹的人群。當霸凌發生時，每個成員都沒有發揮制止的力量，導致受害情形愈演愈烈，持續進行的狀況，就是典型的例子。

而「精神上．身體上的苦痛」，將精神上的苦痛放在前面，接下來是身體上的苦痛，由於邏輯上的必要性將其並列。代表在霸凌的情況中，遭受霸凌者在精神上的苦痛，是受害感的根源。

4 霸凌的暗黑和隱晦

視野上的落差

霸凌常被說是暗黑隱晦難以察覺的，實際上，也有任何人看都明顯看得出來的霸凌。不過，有時候就算遭到霸凌的一方明顯感覺到，霸凌的一方卻沒有體認到。還有的情況是，霸凌者和受到霸凌都視為霸凌，但是，教師卻判斷並非霸凌而不予處置。

在霸凌當中，像這樣受害者與其他人之間認知有落差的案例並不少見。最重要原因，來自於一個性質，就是霸凌與否的判斷基準在受害者內心，傷痕也留在內心。

當然，只要遭受霸凌的一方說出被害事實，就能夠成為撥雲見日的契機。但是，遭到霸凌的孩子們大多對於實情保持沉默。而且就算說出來，也可能沒有人相信，不認同那是霸凌。

如果即使受害者本人不說，周遭看的人也能夠發現那是霸凌，或許就能防制霸凌。但是，遭到霸凌的孩子表現出來的反應，通常周圍的人根本看不出來那個孩子遭受霸凌。因為受到霸凌的人如果抗拒，有些霸凌者反而覺得有趣，可能為了壓制受害者，霸凌者使出更大優勢而出手更重。相反地，如果受到霸凌的孩子哭哭啼啼或畏首畏尾，示弱的模樣也可能讓霸凌者更有征服的快感，進而刺激他們採取更強的火力攻擊受害者。

遭受霸凌的一方，處在進退兩難的狀態，或許他們從經驗中學會，面臨攻擊最好的接招方式，就是一味忍耐靜待風暴過去，或是表面上裝得毫不在乎的模樣。這些行為，是我們在日常生活中受到攻擊時採取的典型反應模式之一。

有些情況之下，為了保護自己，也有些受害者即使遭受嚴重的凌遲，依然面露傻笑，故意裝成毫不在乎的模樣，或是外人看起來像在玩耍那般，受害者盡量配合加害者演出。前述的鹿川裕史同學身處「葬禮遊戲」的霸凌之際，當他到教室，看到自己桌上放著班上同學和導師寫給他的悼詞卡片時，據說他的反應就是傻笑。

事實上，根據我們的調查，許多霸凌受害者如同鹿川同學一樣，表面上「假裝不在乎」和「不做任何反抗」的案例，占了最多數。因此，即使教師在霸凌現場，在受害者配合加害者演出、佯裝毫不在乎的情形之下，人們要意識到其實那是霸凌行為，說真的，並不容易。

惡意形成的暗黑和隱晦

有時候，霸凌是惡意造成的暗黑之境，隨著霸凌社會問題化、更加確立霸凌不可原諒的觀念，如此一來，霸凌者就會意識到自己的行為是不對的。正因如此，諷刺的是，霸凌就會隱藏看不到的地方進行，遮掩惡行的手段愈來愈高明。「偽裝」「以正義為名」這些隱藏惡意動機的手法，也會愈來愈巧妙，導致外人難以察覺。

像是有些加害者故意把腳伸出來絆倒受害者，然後加害者謊稱是不小心而向受害者道歉；或是假裝玩「摔角遊戲」，刻意弄痛或弄傷對方，聲稱是遊戲用不著認真而隱藏惡意，這些都是經過偽裝的霸凌型態。也有加害者故意激怒受害者，受害者一時氣憤之下，出拳毆打加害者，加害者對旁人聲稱「是他（受害者）先動手的」，然後圍觀群眾以伸張正義為名，對受害者施暴；這些都是操弄受害者與旁觀者在認知霸凌的事實上有所落差的手法。

還有一個常見的手法就是，加害者一邊做出過分的事，一邊責怪受害者「你沒遵守諾言」「你只顧你自己」，在群體行動的時候，藉故挑出對方做不好的事，一邊揶揄嘲笑「慢吞吞」「遲鈍」，一邊責備「你是害群之馬」。加害者愈是以正義為名主張合理性和正當性，周遭的孩子們和教師的認知框架就會遭到扭曲，讓霸凌者彷彿是伸張正義的使者。

然而，絕對要睜大眼睛看清楚，有時甚至連受害者的認知框架，都經過霸凌加害者扭曲。像是明明自己是受害者，卻因為加害者口口聲聲主張合理性和正當性，讓受害者感到內疚，感到原因出在自己身上，抱持「我也有不對的地方」之類的自責念頭。根據觀察，就算沒有人這樣看待他們，但是，受害者通常很容易凡事自責，正因如此，處理霸凌時，對於霸凌者主張的合理化和正當化，一定要十分留意受害者的心情。

此外，對於利用手機和網路進行的「資訊科技（ＩＴ）霸凌」和「網路霸凌」，也必須附帶說明。網路上的溝通和手機簡訊，要確保匿名性是很容易的。同時，誰都能夠輕易看到。因此，當這些通訊手段被惡用在霸凌或誹謗中傷的時候，一直無法找出對方是誰，受害情形就會無限擴大。加諸資訊管理不易，近年開始出現嚴重的受害情形。

一直以來，學校教育中就以資訊教育的一環，實施資訊工具的使用方式和網路禮儀的教育。但是，當我們看到現狀，會發現只憑個人的道德和網路素養根本無法應付。考量個人資訊保護問題，同時為確保資訊秩序之社會運作的確立和系統的開發，都是刻不容緩的。

源於善念的惡行

還有一個需要留心的是，我們先入為主的觀念會窄化事物的樣貌，導致我們看不清事實。

不僅是霸凌，犯罪或不良行為都一樣，所謂不好的行為，我們都傾向於認為他們產生於惡念。事實上，幾乎所有的霸凌都被歸於這樣的理解，但不符合這種「惡念生惡行」常識模式的案例也不少。

在社會現象中，經常會發生「意想不到的結果」。可能有「惡念生善果」，也可能有「善念生惡果」。

此處所謂的「善念」，是指想要符合倫理的念頭、依照規範維持秩序的念頭、遵照公共精神成為安居樂業的團體成員或社會公民的念頭、想尊重人格的念頭、為了利他而犧牲小我的念頭等，以在社會上被認為是符合期望的行為為目標的態度。

當從這個善意孳生出霸凌的惡果時，霸凌者與被霸凌者之間認知的落差是極大的。正因為是出自善意，對受害者而言，反抗的路會變得狹窄，最後只能獨自面對整個局面，甚至最後可能被逼到絕路。

像是學校社團的每個人一起努力，希望創下好成績、提高社員們的能力和技術等，不過，有些人對於活動過於熱心，針對那些無法有好表現的社員進行嚴苛的特別訓練，或長期持續針對同一位社員嚴厲叱責。或者在班會中，過於熱衷檢討如何改善現狀，導致結果每次責罵都集中在特定人物身上等，熱心、責任感，或是對於團體的向心力、忠誠度和求好心切等，有時候，一開始的好意，最後竟然演變成為霸凌。

對於前述案例中的霸凌加害者（按：俗稱正義魔人）而言，原本做的一切，都是為了團體著想，或是代替教師執行的正義，或是發自良心的聲音。然而，惡行源於善念，他們做夢都沒想到自己的行為是霸凌。或許應該說，他們相信自己做的是好事，以正義為名針對「害群之馬」採取行動，周圍的人也不覺得霸凌者的行為有什麼不對的地方。

大部分的情況下，即使受害者人格被加害者撕得支離破碎、因為羞恥心和屈辱感而狼狽不堪，一旦霸凌加害者祭出「這是為了大家好」之類合理且正當的主張，受凌者根本無法反抗。

之前就有人指出，不具反擊力量的孩子容易變成霸凌的箭靶。所謂「不具反擊力量」，並不是單指和霸凌者力量強弱的差異。加害者以正義為名、標榜服從權威，或是眾人認同的倫理和道德等同儕壓力，同樣會讓人失去反擊力量。

教師視野

潛藏於霸凌的悲劇之一，就是遭到霸凌孩子的受害認知，與包含霸凌者在內的周遭孩子們及父母、教師之間的認知上的落差。不少情況都是這個落差，讓身處霸凌的受害孩子無處可逃。對於前述這種過度的行為，需要能夠俯瞰整體情形、掌握實際受害狀況並加以制止的孩子和能夠指導監督的大人，是防制霸凌不可或缺的角色。

其中，教師的存在特別重要。雖然霸凌很難讓人發現，但是，從我們的調查也可以看出，日本的教師們已經盡全力接收受害者發出的訊號、並持續努力掌握資訊。

比方說，在被霸凌的孩子當中，會去找教師談受害情形的大約是四分之一。但是，詢問同樣一群孩子，教師是否知道他們被霸凌，有五二・二％的孩子回答知道。換句話說，教師認知到的霸凌中，有一半是根據當事人以外的資訊和對狀況的認識。

和海外比較，在英國受害兒童和少年中，四三・九％回答教師知道。即使和公認對策先進的英國相比，日本教師的認知率還是更高，值得肯定。

不過，要教師一邊試著理解當事者的痛苦，同時去判斷是否有霸凌情形，不是一件容易的事。當發生和霸凌有關的自殺事件時，往往會顯露出校方沒有認知到霸凌的事

問：學校的老師是否有試圖阻止你受到的霸凌？

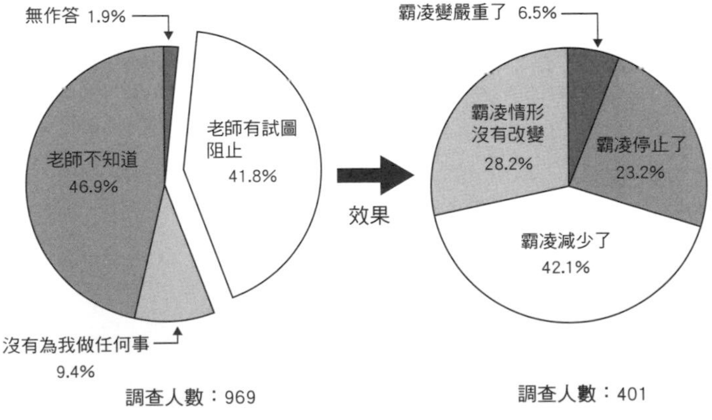

圖 3-2　教師對於霸凌的因應和效果

實，教師對於霸凌的處理方式很容易變成批判的對象。

但是，根據我們的全國調查團隊松浦善滿（Yoshimitsu MATSUURA，日本教育學者）的分析，被霸凌的孩子回答，知道狀況的教師中有八成都試圖制止霸凌（**圖3—2**）。而其結果，六五・三％的孩子回答「霸凌停止了」「霸凌減少了」，回答「變嚴重了」的孩子則是六・五％。大家傾向於認為教師的介入反而會讓情況惡化，這項調查結果顯示，這樣的主觀是錯誤的。

家長視野

家長對於自己的小孩的霸凌，掌握到什麼程度呢？與前述調查同屬一個日本全國調查團隊的米里誠司（Seiji YONEZATO），分析孩子受到霸凌的案例，家長認知受害的比率是二七・五％，也就是說，有七成多的家長不知情。無論是男孩還是女孩、不管在小學還是中學，結果都沒有明顯的差異。

多數情況下，家長能夠掌握霸凌狀況，都是靠孩子們自己開口主動告知，或是家長接收到孩子言行舉止中發出的訊號。但是，不知情的家長高達七成多。米里分析：「我們可以察知在親子關係的緊密度、和親子間意見溝通的充分度上是有問題的」。

他更進一步提醒：「我們更應該著眼在明明受到霸凌的孩子告訴家長，卻有高達四成的家長認為沒有霸凌被害的這回事。」

那麼，霸凌者的家長認知又如何呢？根據米里的研究，挑出霸凌別人的孩子計算他們家長的認知率，知道孩子有加害行為的父母是七・三％，又比受害者低了許多。也就是說，不知道自己的孩子霸凌別人的家長超過了九成。米里指出：

「雖然家長認知到霸凌加害行為，進而採取防止霸凌的對策是很重要的，但一般而言，加害者會隱瞞實情，不讓周遭知道他們的行為，過度要求家長對加害的認知，是很殘酷的。當然也有的案例出於對孩子關心程度的問題，不過，掌握霸凌加害狀況，是地區社會和學校的工作。」

從這項調查結果看來，學校必須自覺，在現實上並非「家長知道實情是理所當然的事」。此外，在學校和地區社會將霸凌加害行為向家長報告，尋求家庭的應對與協助之際，雖然只有一部分，但事實上仍可以見到一些家長不合作，並且表示：「我們家的孩子不可能做出霸凌別人這種事」「是被霸凌的孩子不對」等，最後還採取攻擊態度，認為「這都是學校的錯」。

在這樣的態度中，不但存在家庭中溝通的問題，同時也可以看出缺乏了「霸凌是身而為人不能原諒的行為」這種道德觀。我們必須說，在家庭教育中出了問題。我們已經面臨培養社會責任倫理的關鍵時刻，不管在家庭教育中，或是社會全體而言都是如此。

文部科學省的基準變更

二〇〇六年，以福岡縣筑前町中學二年級男孩為始，發生一連串未成年者受凌自殺事件，霸凌問題再度引發社會關注。這就是日本邁向霸凌「第三波」的契機。

這個「第三波」，如同前述，其中一個因素是，即使日本社會已經積累二十多年霸凌對策，依舊發生悲劇，給教育界帶來衝擊，呈現出以往因應霸凌方式的問題點。其中之一是「判定霸凌的基準是否妥當」的問題。

北海道瀧川市和福岡縣筑前町的自殺事件，在「第三波」發生的事件當中特別受到民眾的關心。這是因為事件發生後，學校所在的市町教育委員會和學校發表「無霸凌事實」，記者發表會的情形，和霸凌成為日本社會問題的二十年前幾乎沒有任何不同。

其內容不難讓民眾認定為「遮掩隱藏」，雖然只是發生在一部分市町的事件，卻幾乎立刻顛覆了大家對學校教育的信任。前往筑前町進行視察的文部科學省副大臣，在視察後，在記者發表會中批判教育委員會與學校隱瞞事實的欺騙作風，也是發生在這個時候。

結果，社會關心的焦點因此轉向「判斷霸凌的基準是否有灰色地帶」「文部科學省、教育委員會和學校的判斷值得信任嗎」。

事情演變至此，如同前述，文部科學省重新檢視每年實施的實況調查中一貫使用的判斷基準「霸凌的定義」，並將其反映在二〇〇六年度的實況調查裏。

這項調查被稱為「在指導學生上諸問題之調查」，關於霸凌自一九八五年以後，每年都在全國所有學校實施。但是，由於有些都道府縣報告一年當中霸凌的總發生件數僅數件等，從以前就有人指出調查可信度的問題。

接下來，說明由於文部科學省以往的判斷基準，而導致實際上有霸凌事件遭到除外的部分。字旁標出黑點的部分就是論點所在。關於整體的基準，由於到前一節為止的部分已經做了詳細介紹，在此僅述其概要。為了方便比較，也將二〇〇六年度調查中修正的新基準一併列出。

舊基準

所謂「霸凌」，界定為「①**對於比自己弱小的人單方面的**；②**持續加以身體上．精神上的**攻擊；③讓對方感受到**嚴重**苦痛的行為。發生場所不分校內校外。同時，每個行為是否為霸凌，其判斷不能是**表面的‧形式上的**，而應以**被霸凌的兒童學生立場**來進行。」

新基準

在本調查當中，每個行為是否為「霸凌」，其判斷不能是表面的‧形式上的，而應以被霸凌的兒童和少年立場來進行。

所謂「霸凌」，界定為「該兒童和少年，由於受到**有一定人際關係的對象之心理上、物理上**（肉體上）的攻擊，導致感受到精神上苦痛的行為。」

在這一次重新檢視當中，關於霸凌性質的表現幾乎完全被刪除。這是因為，在現場觀察到一種趨勢，那就是舊基準列出的三個項目或性質必須同時存在才是為霸凌，缺一不可。

然而，這更加深孩子們的痛苦，也是影響實況調查可信度的一大重要因素。

這是對照前文所敘述之新基準的基本態度：「在這項調查當中，每個行為是否為『霸凌』，其判斷不能是表面化、形式化，應以被霸凌的兒童和少年立場的受害感為認定根據」，進一步要求刪除限於形式的字句，站在受到霸凌孩子們立場來判斷的結果。

官方統計調查提供的視野

這次的修正當中，關於調查結果數字意義的解釋方式也有所變更。以往根據調查掌握的件數稱為「發生件數」。但是，新基準變更為「認知件數」。這是因為「發生件數」這個用詞，沒有正確表現出數據的特徵。

同樣稱為數據，當中也有各種不同種類包含在內，在處理經過統計手法呈現的數據時，我們很容易認為出現的數值，已經客觀反映現實狀況。

當然，並不是說根據統計手法得出的數據是一派胡言。如果手法確實，當然可能獲得在其範圍內正確反映現實面的數據。不過，就算乍見之下呈現的是客觀數字，其數字如何被定義、以誰為調查對象、由誰回答、是在何時、何地、用怎樣的手法蒐集到手，都會讓數字的意義完全不同。而這一點，出乎意料地，人們很容易疏忽。

那麼，「關於指導學生上諸問題之調查」是用什麼方式來擷取孩子們霸凌的現實狀況的呢？

這個調查的步驟是，由學校彙整教師掌握的個別霸凌案例，向各校所屬自治體教育委員會報告，整合後再透過都道府縣教育委員會向文部科學省報告。因此，我們理解的霸凌實況數據正確表現的話，並不是發生件數，只是「教師看得見的霸凌而且學校判定是霸凌」的件數。

僅僅是教師和學校的「認知件數」數據，過去在用詞上容易招致好像掌握住發生件數般的錯覺，這裏就潛藏了招來社會和媒體誤解和責難的原因。文部科學省這次的修正，則符合了調查測定的現實狀況。

但是，將「發生件數」改為「認知件數」，也只不過是正確的表現出數據是發生件數的一部分這個事實而已。

我們無法掌握到的霸凌依舊存在。無法掌握並不代表日本的教師們識破霸凌的感受性駑鈍，在視野上存在一定的極限，也是事實。

在這樣的情況下，為了更加正確的掌握事實，就必須藉由同時實施對孩子們的報告調查和諮商活動，以擴大能夠掌握的範圍。文部科學省在這次重新檢視當中，要求透過對兒童和少年實施問卷調查等手段，來充分掌握狀況。

判斷是否有霸凌情事時，受害者本人感受到的情緒，與周遭推測的狀況很容易有落差。不僅如此，由於遭受霸凌的孩子和周遭的孩子們很少通報，對教師而言，存在著看不見的死角。而問題在於，嚴重的受害通常就發生在看不見的死角。

為了盡可能避免這樣的問題發生，文部科學省要求併用對兒童和少年的問卷調查和個案諮商，是考量霸凌現象性質而採取的方法。

不過，在這個情況下，我們必須注意，這並不是哪一個數值較能反映出現實狀況的真假問題。從結論來說，每一個數值都是現實的狀況。實況調查的結果，是學校和教師蒐集到的現實狀況，這也同樣顯示了一個社會性事實。文部科學省的調查結果，應可定位於構成霸凌各個側面的一個要素。

同樣的，受凌的孩子有受害者的觀點、霸凌別人的孩子有加害者的觀點、旁觀的孩子們透過周遭孩子們的眼睛、家長透過為人父母的視角，去擷取霸凌這個現實，來構築現實的樣貌，媒體也是如此。

每個不同的觀點，當然包含各自獨有的極限。但是，即使有問題存在，各自立場看到的現實樣貌並不是虛構的。這些視野本身就是一個社會性事實。霸凌的現實就是在這些多種視野的集合中展開的。

最後需要注意的是，有不少情況，是潛藏在這些視野集合體中的，相關人物認知的落差，會帶來二次受害，給受害者帶來更多痛苦。我們必須重新體認到，在我們對霸凌的觀點中，同樣潛藏了二次加害的可能性。

第四章

來自內部和外側的牽制

1 霸凌的明度

延伸自日常生活中的問題

霸凌當中，從惡作劇、嘲弄、開玩笑，到明確觸犯刑法的暴力行為、傷害、恐嚇等，涵括了範圍廣泛的各種行為。如果我們將這個現象的範圍，如**圖4—1**比喻為色彩的明度來圖示，那麼從白色經過灰色的階段，明度逐漸降低，最後就會到達牽涉到犯罪或不良行為的黑色地帶行為。

在白色地帶中，有各種機制在擴展，像是進行社會生活或一己生活所需的人際關係、社會和團體的制度、規範、或是資源分配和角色分擔、分工等。我們在這些機制當中相互影響，維持我們的日常生活運作。廣義的權力（強弱關係）失衡，日復一日發生在這個領

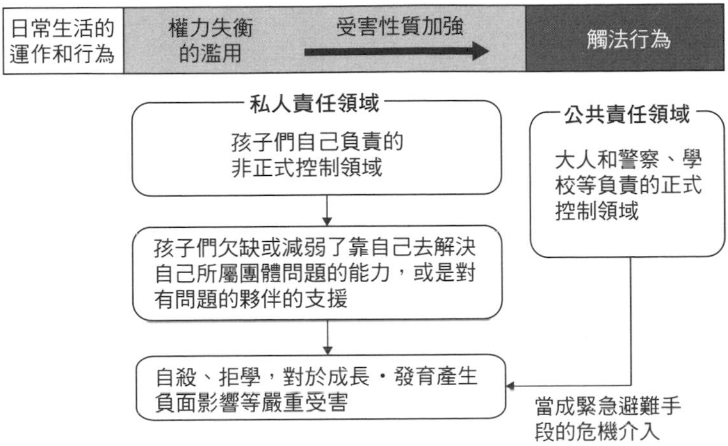

圖 4-1　霸凌問題的呈現方式和社會因應的原理

域當中，只要不濫用，它們都不是霸凌。有可能做為霸凌手法的惡作劇或嘲弄、開玩笑等，只要它對我們的人際關係發揮潤滑劑的作用，那麼就不會進入霸凌的範疇。

但是，即使是屬於白色地帶的行為，當發生權力的濫用，造成對方受害，那麼就會移動到叫做霸凌的灰色地帶裏。當濫用造成的受害情形愈趨惡化，灰色地帶的明度就會降得愈低，愈接近黑色地帶。

在這個情況下，惡作劇、嘲弄、開玩笑等，就會變成霸凌的「交通工具」。因此，如果在確認霸凌事實時，只著眼在表面行為，從形式上判斷「只是鬧著玩的」等，就會產生錯誤的認識。霸凌的事實，正如我們一再敘述的，絕對應該根據受凌者受害感判斷。

正義的霸凌：以規範為名

如果我們如同上述這樣思考，那麼，霸凌行為可說是在我們日常生活的延伸，發生權力濫用而導致的現象。組織的運作方式和活動，也可能變成霸凌的「交通工具」。讓我們來看看代表案例。

其中一個是規範作用。所謂的規範作用，是指社會或團體，針對內部發生問題採取控制行動的作用。這裏所謂的規範，不僅限於法律或規則。價值觀和倫理觀、意識形態等的信念體系、慣例、慣習（habitus，按：集體的、持久的規則行為之生成體制，不同於習慣〔個人的、技能層面的熟練行為〕）、習俗，有時候甚至可能是流行現象都可能成為規範。我們的日常生活就是包覆在這一層叫做規範的「膜」，維持著它的秩序。

對於上下左右鑽出這個膜（規範）的行為，我們會視做問題行為、脫序行為、不合時宜的行動，有時會感到憤怒，進而行使責備或是制裁等否定的反作用。我們日常生活的秩序，不知是好是壞，就是仰賴這些反作用來維持住的。

而有不少霸凌，是搭著這些規範作用的「便車」而來的。特別是以脫離團體規範的行為、或是違背夥伴間默契的行動這些理由發起的霸凌，以正義為權力資源，標榜霸凌具有正當性，帶有團體內制裁的色彩。

事實上，受凌者很難逃過打著正義旗幟的霸凌，如果問孩子們霸凌別人的理由，就會聽到「對方自私又任性、慢吞吞拖累大家、健忘、不守規矩、髒髒的、臭臭的、有怪癖」等。我們常常可以聽見一種見解是，日本是個尋求和諧一致的社會，傾向於排擠特立獨行的行為，這種特質和霸凌脫不了關係。但是，與其將這些霸凌視為日本獨有的形態，不如說，這是普遍存在於人類社會的行為。

的確，在我們的社會中，不管是小孩還是大人，與人為善才能明哲保身以免捲入是非，因此可以看到大家都有在團體中，盡可能打安全牌才能生存。這看起來像日本獨有的形態，其中一個理由是，日本社會來自團體講求和諧一致的壓力較大，氣氛上很難採取特立獨行的行為、或者是對於權力濫用的抵抗力較弱，潛意識受到「服從權威」的意識所影響，這是日本社會對於超脫日常生活秩序邊界行為的控制作用較強的特質吧。

霸凌能夠「搭便車」的，不是只有團體的規範作用。團體內的角色以及在資源分配的過程中同樣也會發生。這些全都是團體運作必要的作用。正因如此，不分大人、小孩，在每個社會中都看得到霸凌。

黑色地帶的霸凌

霸凌雖然從以前就在孩子的日常生活中帶來受害，但在一九八〇年代演變成社會問題之前，加害者一直沒有被當成學校教育的指導對象。正如前述，即使在一九八〇年代，還是有人認為「只是小孩子鬧著玩，怎麼說成是霸凌呢？」就當時國民對霸凌的認識而言，一旦發生霸凌事件，眾人反而視為大驚小怪，是可以想像的反應。

不過，隨著受害的嚴重程度引起大眾關心，加害者成為必須納入教育指導的對象。

我們再回到**圖4—1**，這個圖顯示對照於霸凌問題出現方式的社會危機介入，以及孩子們只能靠自己制止霸凌的現狀。

關於白色領域移動到霸凌灰色地帶的案例，前面已做說明。相較之下，黑色地帶的霸凌是觸法行為，可以客觀確認身體上、物質上的受害。這個領域的霸凌，又可以分為延伸自日常生活、發生在灰色地帶的霸凌加重之後平移的結果，或是原本就以犯罪或不良行為當成目的，鎖定特定人物為對象，持續霸凌的例子。

在平移型的案例中，加害者與受害者，有許多在日常生活中關係親密，介入之際，有必要衡量其日常生活的人際關係。

圖4—1在灰色與黑色地帶之間，有明確的界線。那是因為黑色地帶的霸凌，已經觸法了。大家會要求警察或家庭法院負起責任防制這類霸凌以維持社會秩序。雖然叫做霸

凌，對於犯罪行為，會啟動一連串檢舉、輔導的司法過程，是霸凌在黑色地帶的特徵。

但是，如果站在加害學生成長的觀點來看，並不是將一切託付給司法程序。雖然必須以堅決態度處理，同時，關於本人的動機、家庭和地區的問題，也必須和專門機構或地區社會連動，一併處理。

霸凌的確是以學校為中心的問題行為。不過，有許多案例其實是家庭和地區問題造成的陰影。在學校，曾經有將家庭問題切割開來，僅處理在學校出現的問題之傾向。只是，對於將從家庭和地區等受到的苦惱帶到學校來發洩的孩子們而言，這樣無法達到根本的解決。黑色地帶的霸凌中，這樣的例子並不少見。理解並且支持孩子們的「生活整體」是很重要的。

灰色地帶的霸凌

相對地，處在灰色地帶的霸凌並不是違法行為，而是以違反日常生活中禮節進而造成衝突或糾紛等形式出現。它的性質是，原本不應該是行政單位以公權力干涉的領域，而是個人應該負責的「私人責任領域」。

如果考量到霸凌發生於日常生活中，權力的失衡，以及相較之下較為強勢的一方濫用權力的特性，基本上，霸凌原本就是屬於這個「私人責任領域」的行為。有人覺得帶有犯罪性質的霸凌應該視為犯罪或不良行為來處理，或者有人對於依法規制霸凌感到不恰當，之所以會有這些爭議，就是因為基本上霸凌主軸存在於這個灰色地帶中的緣故。

在這個灰色地帶中，保護孩子們安全的責任，落在孩子們自己和教師、家長、地區居民等「私人」的肩上，取決於每個成員非正式的相互作用。如同前述，在霸凌演變成社會問題之前，會有「小孩子之間的事，大人不應該介入」的觀念，可以說反映了灰色地帶的控制原理。

但是，現代的霸凌，也有不少例子是孩子們沒有發揮自淨作用（按：所屬團體或組織內部有不好的現象，由成員主動自行改善，也稱為自我淨化），導致受凌者處在孤立無援的情況下，霸凌更加嚴重。來自孩子們外側的「公共責任領域」將其視為危機而介入，也應該被定位於符合受害性原理的緊急避難措施。

不過，對於處在灰色地帶的霸凌進行教育指導，正道還是在於如何提高孩子們的自淨作用。杜絕霸凌現實上是有困難的；重要的是，已經發生的霸凌，是否能夠在受害最小的階段加以牽制，孩子們是否能夠靠著自己的力量將制止霸凌的體制加以組織化，讓周遭的孩子給予被害者支援，以防止再次受害。

2 來自內部的牽制

霸凌不是源於人類身為動物的攻擊性，而是潛藏於人類組織社會時產生交互作用的病理。因此，在我們人類社會中，累積了對於霸凌防患於未然，並且對於已發生的霸凌加以「牽制」的智慧。

這個「牽制」，有時候是配備在人類內部的規範意識，有時候是內嵌在團體中對於問題的反作用力。即使如此，霸凌受害依舊廣為存在，可想見的原因是，孩子們內外兩面的牽制作用變弱所致。

首先，我們來看看孩子們內化的規範意識是怎樣的狀態。

在意識調查的結果中，幾乎所有的孩子，都認知到霸凌是不好的。但是，實際上霸凌卻沒有消失。這個現象從「第一波」以來就一直沒有改變。例如筆者等人在一九八四年實施的調查結果裏，這個現象就已經很明顯。

在這項調查中，詢問了典型的霸凌手法「故意把別人的東西藏起來」和「嘲弄朋友」，是否認識到它是「不好的」事情。

「故意把人家的東西藏起來」有九七%的孩子認為是「不好的」，在「嘲弄朋友」項目中數字也達到九一%。可以說大家有相當健全的規範意識。

但是，在調查結果中，所有班級都出現過「嘲弄朋友」的現象，而「故意把別人的東西藏起來」也在四十四個班級當中有四十二班發生過。即使幾乎全班同學都意識到霸凌是「不好的行為」，卻依舊沒有成為遏止的力量。

調查團隊的島和博（Kazuhiro SHIMA）分析，說明這個矛盾的關鍵之一，在於認為霸凌「有趣」的這一點上，反應「把人家的東西藏起來」雖然「不好」但是「有趣」的人有二成多；在「嘲弄朋友」項目則有四成多。在「霸凌者」和圍繞在霸凌現場起鬨，覺得有趣而旁觀的「觀眾」孩子中，這個傾向是很顯著的。

如果說善惡的判斷是「理智」的判斷，那麼「有趣」的這種評價就是產生在「情感」層面。有可能是因為，「不好的事情但是很有趣」這種狀態，規範沒有內化，無法抑制感情，或是追求「有趣」的感情，利用**中立化技術**（techniques of neutralization，按：由大衛・瑪扎〔David Matza〕和格雷沙姆・西克斯〔Gresham M. Sykes，一九二二－二〇一〇〕提出）將自己的行為合理化，又或者是前述的群眾心理的影響。

此處所謂的「中立化技術」，是指當有脫序行為招來道德上譴責或制裁時，將自己的行為合理化的技術。瑪扎等人列舉的有「逃避責任」「否定加害」「否定被害事實」「反擊責難者、制裁者」「標榜對團體或社會的忠誠度」等原理。

另一方面，有許多議論指出，規範意識沒有內化的背景中，存在著現代社會規範意識的弱化及溝通能力的低落。此外，欲求膨脹帶來的**實現行為**（consummatory，彷彿消費欲求般，即時付諸行動的傾向），或是「眼前開心就好」的**剎那主義**（Momentalism，及時行樂的快樂主義），欠缺遏止感情或欲望的能力，引起問題行為。

這些議論，每一個都沒有錯。但是，我們不能忽略的是，在這樣的傾向背後，存在潛藏在現代社會深層的劇烈結構變化。本書將這個變化訴諸後述的「私密化」動向，重新將其視為面對處理霸凌問題時私密化的社會的應對問題。

削弱加害意識的因素

霸凌基本上發生在灰色地帶中。因此，幾乎所有的孩子在理論上都能夠認知到霸凌是「不可原諒」，但在實際的行動層次上，多半沒有強烈意識到加害意識。這也是導致「霸凌雖然不好，但是很有趣」這個意識的源頭之一。

其重要因素之一，在於脫序界線的不明確。

同樣叫做霸凌，從嘲弄、惡作劇、取綽號、針鋒相對、吵架、動手動腳、拳打腳踢這些日常生活中可能發生的行為，到尖酸刻薄的揶揄或蓄意的惡作劇、中傷誹謗、暴力、排擠等不勝枚舉，到哪裏是可以接受的，從哪裏開始是不能原諒的，這些脫序界線，無法藉由所搭的「便車」來判斷。

脫序界線模糊不清，就意味著特定行為是否判斷為霸凌，會受到行為狀況或地區文化等不同而異。在各種詢問孩子們善惡判斷的調查結果中，出現不少「（霸凌）是有理由的，所以不算錯」「我不知道」的判斷，正顯現出這個界線的不明確。只要加上狀況性誘因，脫序性界線就會輕易消失。在醞釀規範觀念之際，必須謹慎小心。

加害意識淡薄的另一個重要因素，在於實際被害不容易被看見。如我們在「霸凌的暗黑和隱晦」中提到的，霸凌需要推量自己行為的加害性造成對方內心多大的苦痛。周圍的人很難看見實際受害狀況，導致也很難起反作用。這同時也更弱化了整體的規範意識。

教師權威受到挑戰

還有一個重要因素，是學校秩序和教師權威受到挑戰。

在日本全國調查中，和文部科學省的調查中，在霸凌發生率高的班級，都可以看見一些傾向，像是「正確的事並沒有因為合理正當，就能夠堅持到最後」「正直坦白的人沒有好下場」「老師試圖討好孩子們」。日本社會全體的規範與法律秩序的動搖，以及不信任這些運用規範與法律秩序的人，也是一個重要的背景因素。特別是大人做出虐待兒童、配偶和同居伴侶間的暴力、職權騷擾、性騷擾、學術騷擾等，日本社會對這些行為的感受敏銳與否，會給孩子們的規範感覺帶來不少的影響，這一點我們必須正視。

正因為霸凌是新的問題行為，規範觀念未趨成熟，脫序界線也模糊不清，導致孩子們在道德意義的空間中，還有許多尚未穩固扎根的部分。即使如此，沒有培育來自內部的牽制，是無法擔保社會秩序的。

3 來自外側的牽制

此外，無論是怎樣的社會規範，只有來自內部的牽制是不夠的，一定會需要外側的牽制。換句話說，來自霸凌加害者周遭人群的反作用帶來的抑制力，是不可或缺的牽制。因為，在霸凌問題中，確保秩序和安全的責任是落在私人身上的，如果無法過度期待加害者能從自身內面牽制，那麼就必須仰賴成員之間的牽制了。

在發生霸凌事件時，我們會聚焦在「霸凌者」和「受凌者」身上，試圖找出原因在哪裏。但是，實際上，霸凌並不是只靠直接的當事人就能發生或消失的。

不論是霸凌、犯罪、不良行為，所有被稱為脫序行為的現象，都會因周遭人群的反應方式，其發生現象、脫序的程度與內容、目標對象，以及持續性等都會有所不同。法國社會學者涂爾幹（Émile Durkheim，一八五八—一九一七），很早就指出了這一點。

我們日常生活中的規則並不是只有法律，還有慣習、道德、習慣等無形的規範約束。這些規範，就是我們在特定場合中如何判斷、如何採取行動的準則。

在我們接觸到其他人行為的情境也是如此，如果對方遵照規範做出符合期望的行為，我們就表示認可，時而加以推舉讚揚。如果是不符合期望的行為，我們就表示否定或試圖阻止。我們稱前者為肯定的反作用，後者為否定的反作用。所有的團體，不管是班級還是職場，都是憑藉這些反作用維繫。來自外側的危機介入，僅限於超過這個系統運作負荷時才會出現的狀況。

人們的反作用，並不只是為了直接處理眼前發生的問題。它還具備了將規範內化的重要功能。

這個原理我們拿小孩來當例子應該就很容易理解了。如果孩子有不好的言行舉止，父母就會告誡他；有好的行為，父母就會誇獎他。如此一來，孩子在被外側的聲音制止不好行為的同時，也會得知它是不好的，內化成良心的聲音，漸漸固定成形。在這種情況下，父母的反應就是一種「反作用」。不只是親子關係，我們的生活就是由這樣的「行為與反作用」反覆所構成的。這個反覆累積，督促人們成長為一個社會成員，帶來維持社會秩序的結果。

涂爾幹認為，在社會或團體之中發生脫序現象時，倘若否定的反作用能夠適時啟動，那麼該社會或團體就是屬於正常狀態，倘若無法適時啟動，該社會或團體就是處於病態之中。

涂爾幹從這當中，導出了「犯罪為正常現象」這個命題。如果在個人行為這個層次來看，完全無法稱之為正常現象。但是，當我們將觀點從個人移動到社會或團體層次時，就會看見不同的姿態。

原本犯罪現象，就是從它被發現、逮捕、起訴，到判決有罪的這個階段犯罪才成立。像現代這樣的法治社會，這一連串的司法過程，就是社會的反作用機制的作用程序。如果，社會的反作用力薄弱，犯罪就不會浮現在社會表面。相反的，在反作用過強的社會中，包含冤罪冤獄在內，就會產生過多的犯罪。因此我們可以說，所謂正常的社會，就是具備對犯罪適當的反作用力，能夠產生一定數量犯罪的社會。過少或過多，都是社會病態的證明。

這個論點同樣也適用在霸凌上。沒有人制止霸凌者的班級，是欠缺對霸凌反作用力的團體。處在如果沒有教師介入，就無法發揮班級抑制力的狀態。不僅如此，像這樣反作用力衰退的班級，會在霸凌四周築起一道圍牆，導致教師不容易發現霸凌。引申涂爾幹的說法，應該稱得上是「病態的班級團體」吧。

另外，這些反作用還具備將模糊的脫序界線明確化的功能。原本在霸凌問題中，什麼相當於霸凌，這個界線就容易模糊不清，加害意識薄弱也是起因於此。在團體當中，如果沒有出現對霸凌的反作用力，界線就會更加不明確，加害意識也就會愈加淡薄。如果加入適當的反作用，團體內的認知框架就會穩固。藉由對霸凌採取適當的反應，落實旁觀者正義，團體秩序也能夠恢復。反作用在團體當中，也是引起這樣一連串正向循環的觸媒。

旁觀者也是加害者

　對抗霸凌的反作用，源於當事人周遭的孩子們。周遭的孩子們又可以進一步分成二層。一種是從旁起鬨看著別人遭到霸凌覺得有趣的孩子（觀眾），另一種是視而不見的孩子（旁觀者）。森田證明霸凌的結構就是由觀眾、旁觀者、加害者、受害者構成的，他們之間相互影響。（圖4-2）

　教師動輒注意力被「霸凌者（加害者）—被霸凌者（受害者）」的關係奪走，從頭到尾就忙於找犯人或調查被霸凌者的狀況。當然，不是說

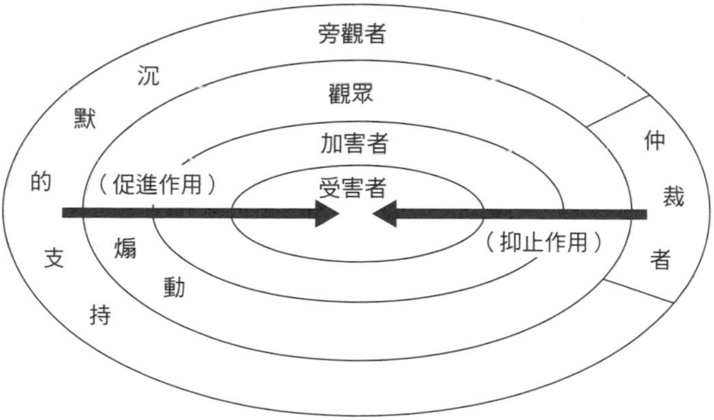

圖 4-2　霸凌團體的四層結構模型

這樣的做法是錯的。

但是，往往容易忘記的是，周遭人群的反應，左右了我們是否有牽制力這件事。如果周遭目擊的孩子當中，出現了「仲裁者」，或者即使沒有直接阻止，也顯現出否定的反應，就會變成對「霸凌者」的遏止力。這種情況下，霸凌可能會一度從班上消失，如果繼續，可能會採取新的霸凌手法，也有可能變更目標對象。相反地，如果周遭的孩子們表現出覺得有趣的樣子，或視而不見，那麼「霸凌者」就會變本加厲。

「觀眾」並沒有直接出手，但是，有時候他們的從旁起鬨形同火上加油。對於「霸凌者」而言的存在是積極認可自己的人。就這個觀點看來，「觀眾」也站在加害者這一邊。「觀眾」裏面還包含了一種人，他們會製造霸凌的契機，當霸凌開始時，自己不出手，冷眼旁觀、暗自竊笑，屬於「策畫者型」的幕後黑手。

和前述不同，「旁觀者」是佯裝不知道、暫時中斷平時人際關係的孩子們。如果他們顯示出批判的態度，就會成為遏止霸凌的存在。但是，在視而不見的背後，蘊藏了對其他人問題的冷漠、擔心自己變成受害者的恐懼、對強勢力量的順從、對團體的**從眾**（conformity）心態等，這一層的人大部分實際上無法成為制止霸凌的力量。袖手旁觀的態度，反而會成為支持霸凌者的存在。

在森田等的調查（一九八五）中，旁觀者與加害者或觀眾不同，他們不會有自我中心的行為，對於班上活動也採取合作的態度，但這些也可以解釋這是因為他們具有強烈的從眾心態。此外，這一層的人，成績相對較佳，許多人未來想進大學就讀，常見的是會從教育制度等社會運作原理找出意義來的孩子。

旁觀者在日常生活中，會顯現極度適應狀況的態度。但是，當遇到霸凌的場面，即使是自己的朋友，他們也不會伸出援手，會堅持視而不見旁觀者立場。

在指導手冊等中，有些有提到「旁觀者也是加害者」的想法。這個想法，就是從這個反作用模型導出的。旁觀者層的孩子們，認為自己「沒有煽動霸凌的念頭」「沒有做任何加害於人的事」。的確，著眼在個人行為上時，他們的想法並沒有錯。

但是，如果沒有起任何反作用，就會助長霸凌。因此，旁觀者不能說是像他們自己以為的中立。不僅如此，旁觀者的存在，還會擴張對於霸凌這個權力濫用的服從結構，而變成團體壓力，讓「想制止霸凌的孩子」躊躇不前，旁觀者真的也是加害者。根據森田等的調查（一九八五、一九九〇），霸凌被害的數量，相較於班上霸凌者人數或觀眾人數，其實旁觀者的人數才是霸凌最高相關的因子。

但是，觀眾和旁觀者並不是固定的角色。他們隨時有可能變成「受害者」，有時候也會變身為「加害者」。「加害者」也不例外，隨時都有可能掉到「受害者」的坑裏。或者，也有些孩子同時是「加害者」又是「受害者」。霸凌的流動性，導致「立場對調，陷入受害者的不安」在班級團體中蔓延，導致每個人都閉嘴，形成不讓教師知道的氣氛。

如同上述，現代霸凌團體的結構，是由「加害者」「受害者」「觀眾」「旁觀者」四層組成的。霸凌的性質，不光是加害者，同時也取決於周圍孩子們的反應。可以說教室全體是劇場空間，而霸凌是在舞臺（也就是教室這個劇場空間）和觀眾之間互動而成的一齣戲。

在許多旁觀者當中，霸凌繼續進行的這種狀況，是在欠缺遏止力的情況下，班級分化成四層的過程，失去孩子們本身牽制能力的狀態，是團體自我控制功能脆弱化的證據。這種狀態，也稱為團體的幼稚症（infantilism，退行的原初化，發育停頓），意味著團體的「共同性」瓦解。欠缺共同性的班級內，人際關係會更趨淡薄，造成孩子們的孤立。霸凌的四層結構也會讓霸凌受害者孤立，將他們逼得無路可走。

日本的霸凌特徵

那麼，孩子們的團體共同性，實際上動搖到什麼地步呢？讓我們從我們的調查結果思考一下，在霸凌現場中「四層結構化」是如何發展、如何削弱反作用力的。

由於霸凌是比較新的社會問題，我們沒有能夠做比較的時序資料。因此，日本的孩子們在霸凌場面中能夠將否定的反作用發揮到何種程度、四層化到什麼程度，我們以和海外經濟先進國家，特別是霸凌對策先進的幾個國家的狀況做比較進而釐清。

以下資料，是我們在一九九七年實施的國際比較調查結果，包括日本、英國、荷蘭、挪威在內。以小學五年級到中學三年級的兒童和少年為對象，使用統一的問卷實施問卷調查（日本的資料，是以全國公立小學、中學班級做為最終抽樣單位，依等比機率多段抽樣法選出的樣本。各國也同樣在構成上考慮了代表性・典型性。此外，調查期間是發布問卷前四個月當中的經驗，關於此期間內的霸凌從各種角度進行詢問）。

首先，來看看日本的霸凌受害經驗率。日本是一三・九％（英國三九・四％，荷蘭二七％，挪威二〇・八％），在有受害經驗的人比例是四個國家當中最低的。相較之下，英國在四個月當中有將近四成的人表示受害，而荷蘭也有超過四分之一的人聲稱受害。

當然，日本只是在四個國家當中相較偏低，不能輕視第二學期的四個月內，每七人就有一人受到霸凌的事實。不過，這個日本的數據，不同於我們當初的預測。調查時期，正值霸凌演變成社會問題，也就是霸凌的「第二波」來臨之後。我們對於日本孩子們的受害經驗率，預測得更為嚴重。

於是，為了釐清這個違反預測的結果和我們認識的日本霸凌受害嚴重性之間的矛盾，我們嘗試從其他的角度來分析調查結果。我們檢視了在霸凌中最嚴重的「長期・頻繁復發型」，也就是長期且日常頻繁受害霸凌的出現率。

霸凌有無所不在的本質，只要有效牽制，受害就可以在輕微的階段終止。但是，如果沒有牽制力發生作用，那麼特定的孩子就會長期受到霸凌，手段也多樣化，不僅更為暗黑隱晦陰險，而且愈演愈烈，這樣的霸凌，我們稱為「發展型霸凌」。

我們以霸凌持續「一學期以上」，並且其頻率為「一週至少一次以上」的「長期・頻繁復發型」霸凌為指標，比較了「發展型霸凌」的出現率。我們試算了遭到霸凌孩子們當中，「長期・頻繁復發型」受害者所占比例，日本為一七・七％（挪威一七・一％，英國一二・四％，荷蘭一一・七％），是四個國家之中比例最高的。

我們可以說，日本和其他國家相比，霸凌受害的機率的確較低，卻是個一旦受害、演化成「發展型霸凌」的機率就很高的國家。

相對的，英國和荷蘭兩國，雖然呈現了極高的受害經驗率，遇上「發展型霸凌」被害的機率卻比日本低。也就是，我們可以說他們的特徵是「短暫型」相較之下發生得較多的國家。

成為旁觀者就是一種成長？

霸凌發生在哪個孩子身上、持續多久、有多麼暗黑隱晦陰險，會讓受害情形嚴重到什麼程度，不僅取決於當事者，同時也取決於周遭學生的反作用。說明這個力學的是**圖4—2**「霸凌團體的四層結構模型」。

在調查當中，我們假定「旁觀者」很多，卻沒有出現加以阻止的「仲裁者」，霸凌就會愈趨嚴重，進而將短暫型國家和發展型國家進行比較。

圖4—3顯示各國發生霸凌時出現「仲裁者」的比例，隨著學年演變如何產生變化的結果。而**圖4—4**則是顯示各國「旁觀者」的出現比例隨學年演變的結果。

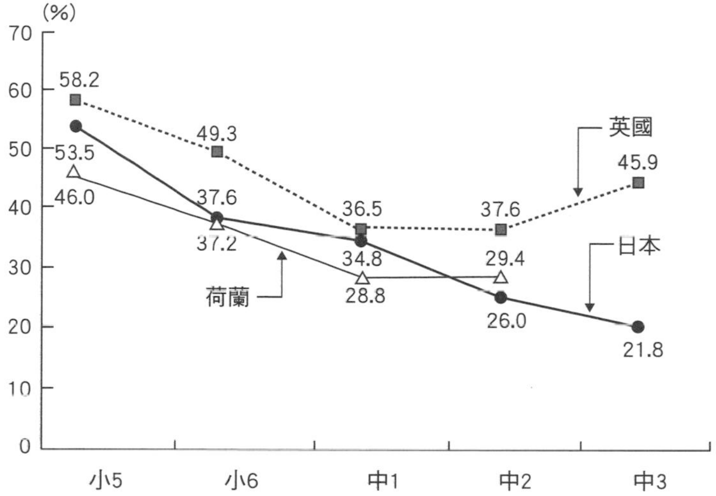

圖 4-3　霸凌仲裁者出現比率的演變

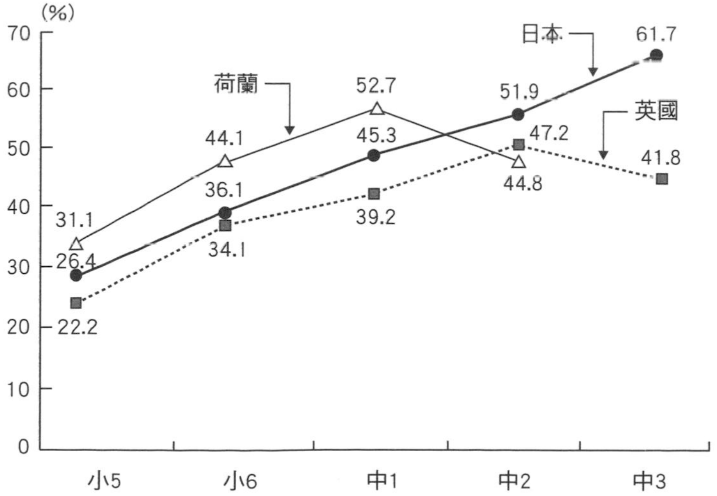

圖 4-4　霸凌旁觀者出現比率的演變

首先，「仲裁者」在任何一個國家的共通點是，在小學階段的出現率很高。而隨著學年升高，每個國家的比率都減少了。不過，到了中學階段，發展型的日本和短暫型的英國、荷蘭就出現了不同的傾向。在英國與荷蘭，原本持續下降的「仲裁者」出現率不再繼續下降，反而轉為上升。在英國，這個趨勢尤其顯著。而日本則是繼續下降。

另一方面，「旁觀者」的演變曲線，如**圖4—4**所示，和「仲裁者」完全相反。在小學階段旁觀者層很少，隨著學年增長而增加。但是，在英國與荷蘭，到了中學就轉為減少。而日本則是即使到了中學，旁觀者依舊直線增加，到了中學三年級達到六成。

如前所述，班級裏旁觀者的人數與霸凌受害的發生呈現高度正相關。這是因為旁觀者的存在提供霸凌加害者沉默的支持。

圖4—3和**圖4—4**顯示，「旁觀者」和「仲裁者」的出現方式有密切的關係。旁觀者增加，仲裁者就會減少；旁觀者變少，就容易出現仲裁者。

就像這樣，旁觀者的存在，和對霸凌的遏止力有很深的關聯性。在處理霸凌時，去影響包含旁觀者在內的這些周遭孩子們，是一個極為重要的關鍵。

看著這些圖，會覺得日本的孩子們的動向，彷彿漸漸變成旁觀者是一種成長似的。成長發育曲線看起來也似乎像是，即使是一起學習的同班同學因受到霸凌而煩惱，不要伸出援手、視而不見才是長大。

重新審視問題

據說，日本的孩子們這樣的行為背後，潛藏著「多管閒事出面阻止霸凌，自己也會遭殃」「在班上或夥伴之間發揮旁觀者正義，會顯得自己像是格格不入的正義魔人」「我只要好好配合大家，忍一忍、打哈哈、混過去就好」「只要我沒有害人，也不會造成別人困擾，那就沒關係」等觀點。在這種氛圍之下，要能夠阻止霸凌、或是居中仲裁，必須要培育能超越當場氣氛造成的心理以及自保等意識的價值觀才行。

關鍵在於，如同第一章提到霸凌在日本與歐美的不同，究竟是把霸凌當成霸凌者與被霸凌者「個人與個人關係的問題」，還是能夠看做是「團體中每一個人的問題」。

和暴力行為相同，霸凌會損害規範和秩序、更嚴重的是它會威脅到孩子們的安全與自我實現。孩子們也是在學校生活中，總是小心翼翼希望自己不要成為霸凌的目標。每個孩子都希望，可以脫離「眼前的霸凌明天可能會變成自己的問題」的不安，在可以放心開心去的學校中，自由的實現自我。這也是家長和國民的心願，以及對教育的期待。

為了達到這個目標，我們不能讓霸凌問題「個人化」，必須培育孩子們將它當成學校社會的問題、使其「公共化」的力量，讓他們成為參與規畫的主體，去憑靠自己的雙手解決課題。

歐美會在「公民權責」的教育中進行這樣的指導。我們已經見到在英國與荷蘭，由於隨著成長「仲裁者」會增多，孩子們之間能夠在早期發揮遏止的效果，所以霸凌不會愈演愈烈。再加上考量到在中學這個發育階段，是促成他們身為團體一分子的角色和責任自覺的時期，也可說是「公民權責」教育開始結果的時期。

就算霸凌的發生是不可避免的，存在著會遏止它與不會遏止它的社會，現實中也分為能夠制止霸凌和不能制止霸凌的社會。它的分歧點在於，是將霸凌問題個人化，處理方式也個人化，或是將霸凌視為與團體和社會每個人都息息相關的問題予以公共化，當成成員被分派到的職務、當成責任、任務來解決問題。我們可以說，去創造這樣的不同，才是教育背負的使命。

第五章

私密化社會與公民權責教育

1 朝向集中於「私密化」

何謂現代型霸凌

眾所周知，「不良行為」「校園暴力」「霸凌」「拒學」是現代日本學校面臨的嚴重問題。其中，霸凌又與「拒學」相同，在進入一九八〇年代時開始受到社會矚目。但是，此處所謂的「現代型」，並不是「新出現在現代社會的現象」的意思。霸凌在日本社會也是自古就有的現象。同時，也不是指像網路霸凌般，出現了以往沒有的當代風格的新手段。

這裏稱為「現代型」，是因為霸凌雖然是以往就有發生的傳統問題行為，但是卻開始出現和「傳統型」不同的特徵，只靠以往的原因論、研究方法或是社會的因應方式，已經無法涵蓋所有現象了。這個概念著眼於現在融入以往沒有的特質與要素。

這個「現代型」概念，是沿用刑事法學者藤木英雄（Hideo FUJIKI，一九三二—一九七七）的「現代型犯罪」概念。藤木揭露了現代社會犯罪現象的新特質，揭示犯罪學理論與刑事政策修正的必要性。藤木對現代型犯罪的定義是：

「形式上觸犯刑法，並能判斷屬於自然犯罪的行為，卻是一般公民日常行為的延伸。不論在社會觀念上，或是本人意識之中，都沒有被認知這絕對是惡行」。

這個特徵描述，如同後述，擁有現代霸凌問題共通的特質，其架構十分適用於霸凌問題。

在此詳述藤木的定義，列舉霸凌這個問題行為具備的「現代型」五大特徵：

①於日常生活的機制當中。

②因此，是發生於是否為問題行動不明確之「灰色地帶」的現象。但是，由於它的社會問題化，被定義為新的問題行動，變成社會控制的對象。

③引起問題的當事者對於加害性的認知度低，沒有意識到自己的行為是霸凌，罪惡感

也輕。

④發生在現代社會背景之下。

⑤不限於特定的孩子，每個孩子都有霸凌別人和被霸凌的可能，而且實際上有許多孩子有此經驗。

在本書中，我們認為，霸凌的生成要素，並不在於特定的脫序人格或被害者特徵上，而在於日常生活中不斷生成的「權力的失衡和濫用」這個社會交互作用的扭曲裏。這也是基於霸凌並非限定發生特定人物身上的這種特質。

倘若如此，那麼在處理對策上，只將焦點放在特定的孩子身上，當然也就會有限度。就算假設造成關係性扭曲的因素在個人的屬性上，其屬性也是生存在現代社會中在許多孩子身上都可以觀察到的屬性。對策的焦點，也必須放在包括孩子們在內的，生存在現代社會人群的意識、行動、以及關係的締結方式上吧。就算試圖影響個人，前提也應該是，掌握我們的社會與人群的樣貌，再採取對策，這個觀點是不可或缺的。

前述藤木英雄歸納現代型霸凌的五種特質，包括：

①源於日常生活的延伸；

②脫序性界線模糊；

③加害意識與罪惡感傾向淡薄；

⑤霸凌不是只發生在特定的孩子身上。

①②③⑤這幾點這四項，在前面的章節說明過了。

本章要說明的是前面沒有提到的：

④霸凌生成背景的現代社會該如何看待，又如何與霸凌的生成有關，以及必要對策是什麼。

私密化社會

不只是霸凌問題，解讀現代社會問題時，不能不將其背景社會狀況一併考慮進去。即使像霸凌這樣發生在社會微觀層次的問題，也不能缺乏對社會巨觀層次的俯瞰。

「全球化」與「近代化」「產業化」「資訊化」「組織改革」「福利國家的解體」「人口結構變動」等，對解讀現代日本社會有益的關鍵字形形色色，在此，為了解讀霸凌問題，我們著眼在私密化（privatization）這個趨勢。

大家都說，當今支撐以往日本社會的價值觀產生很大的動盪。像「新人類」「私生活中心主義」和「尋找自我」等，被視為解讀現代社會的關鍵字已經有一陣子了。這些都和日本社會深層流動的巨大變化，以及生存在此的人們意識改變有關。

也就是說，向來將人們緊密與團體和人際關係連結在一起的束縛，鬆掉了。那是一種試圖逃脫被人際關係牽絆左右的人生、私事被外人魯莽干涉而讓人感到煩躁的氣氛，也可以說，希望盡量不要再為了企業或團體賣命犧牲，為了不讓私生活每一個角落都被工作吞噬，對人際關係和組織保持適度的距離，想要確保己身私人領域（「私事」的世界）這種欲望的表露。

前面已經提過，這種現代社會的變化，我們稱為**私密化**。

這種變化，在任何一個先進產業國家都發生了。這是社會近代化過程中，人們從共同體的束縛當中獲得解放、個人漸趨獨立的**個人化**（individuation）動向之一。個人的主體性和獨立性的確立過程，一般稱為「個人化」，「私密化」是其中一個面向。所謂「私密化」，指的是當把社會和生活空間看成是由公共領域和私人領域二部分組成時，制度和人們的關心比重從公共轉移到私人的這個變化。

經濟學將「privatization」譯為「民營化」。這是原本由政府或公家團體所有或管理營運的組織轉移到民間的現象，在日本始於一九七〇年代。日本國有鐵道變成ＪＲ，日本電信電話公社則成為民營企業集團ＮＴＴ。**第三部門**（The Third Sector，在第一部門〔public sector，另譯為公部門〕與第二部門〔private sector，另譯為私部門〕之外，並非政府單位也不是一般民營企業的事業單位的總稱。）經營，還有地方自治法修正帶來的特定事業承包制度的修正，都是這個動向之一，以獨立行政法人化等形式，一直持續到現在。

這些都是在政治和經濟等大框架上的變化，將私密化動向從根柢推動。社會學注目的對象，除此再加上人們的意識和行為、生活形態的變化。「新人類現象」「私生活中心主義」「尋找自我」等，因為變成流行語，或許看來像是一時的風潮現象，但或許應該看做是社會深層的「私密化」這個動向，以淺顯的形態展現。

正面與負面

雖然社會、團體和工作很重要。但是，私生活也想過得豐富。希望能從社會的牽絆和摩擦當中解放自我，成為更自由的存在。想要珍惜個人的幸福。想要有自己的風格、切實感受活著的證據。

隨著私密化的潮流，實現追求個人幸福（按：小確幸）的社會氛圍日益明顯。在這個層面上，私密化並非令人困擾的現象。甚至應該說，原本容易被團體或組織吞噬、被輕視的每個人的私生活，以及其個人風格，開始受到重視，這個價值觀的登場應該受到歡迎。

此外，隨著著重個人存在的價值觀漸漸滲入社會，人們對於自由和權利的意識抬頭，以人類獨有的尊嚴（不同於其他動物）為基礎構成的「人權」觀念，也更能接近事實的核心。

讓我們來看看孩子們的權利。

始於一九二四年國際聯盟「日內瓦宣言」，在第二次世界大戰之後「兒童權利宣言」（Declaration of the Rights of the Child，按：此處的兒童指未滿十八歲的孩童）在聯合國總會通過（一九五九年），如何保障孩童權利被定位成國際課題。在「兒童權利宣言」通過的三十周年紀念日那天（一九八九年十一月二十日），聯合國通過「兒童權利公約」（CRC，Convention on the Rights of the Child）。日本也在一九九〇年成為簽署國，一九九四年批准公約，成為締約國。

一九八〇年代以後，霸凌在全球成為重大社會問題的背景，除了受害的嚴重性之外，國際上對於兒童人權的關心高漲也不無關係。這些可謂私密化的正向的一面。

不過，私密化也有負向的一面。由於對私生活的關心過高，人們減弱了與社會和團體的關聯，隱遁在私生活裏的傾向增強。結果也出現了對於公共性或對他人漠視的傾向。此外，過度重視自身，私利抬頭，公益遭到輕視的傾向也變強。如此一來，私密化具備了正面與負面評價的面相。

社會學者作田啟一（Keiichi SAKUTA，一九二二—二〇一六）闡述第二次世界大戰結束之後，日本社會的價值意識最大的轉換，在於從「獻身價值」（按：自己的時間心力多是奉獻給所屬組織或團體）到「充足價值」（按：自己的時間心力多是為了滿足個人欲望），提到戰後的「解放感」中，存在二大問題。一是戰後的解放感和大眾化的消費感覺相互附著，變得完全限定在私生活領域裏。二是對於在解放感中擴大的欲求，導致原本具備昇華功能的規範顯得無能為力，相對地，失去規範的充足價值開始無限膨脹。

涂爾幹將與近代社會個人主義化一起出現的「欲望無規範的高亢和其帶來的無秩序社會狀態」命名為「脫序」，還有鈴木廣（Hiroshi SUZUKI，一九三一—二〇一四）認為私密化現象中「私人」的意識本質存在於「建構於快樂原則的利己之愛，行為模式為求充足、適應的欲望主義」，兩者皆著眼於存在「私人」欲望的無限擴張。

丸山真男的論點

私密化目前還沒有退潮的徵兆，或者說，社會近代化是不可逆的動向。將這個「私密化」的概念用來分析日本社會的近代化，將它提出做為現代日本社會面臨問題解決關鍵字的是丸山真男（Masao MARUYAMA，一九一四—一九九六，日本政治學家、思想史家）。

他將近代化視為一種個人從共同體的綑綁中解放出來的「個人析出（individuation，個人化）」的過程。而做為「個人析出」的模式，抽出了「獨立化（individualization）」「民主化（democratization）」「私密化（privatization）」「原子化（atomization）」四項（**圖5—1**）。而此模式被定位為個人對社會抱持意識的規範。

其中「私密化」，和「原子化」相同，在人們態度形成模式當中，特徵是人際關係的

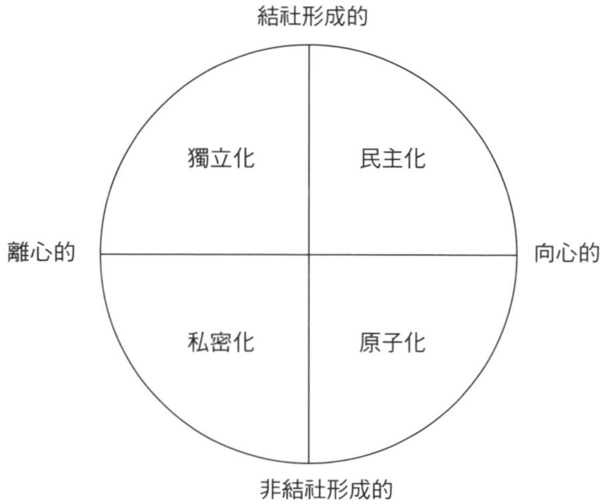

圖 5-1　丸山真男的「個人析出」模式

連結疏散、和團體的關聯也薄弱。因此，選擇這個模式的人們，被認為比起公共目的，更傾向於嚮往個人私欲的充足，主動從社會後退，將一己關心和生活世界的意義封進「私密化」的事件裏。

丸山認為，「私密化」和「原子化」都同樣對公共問題漠然，但「原子化」的特徵是，來自生活環境急遽變化造成「無根草狀態」，導致產生孤獨、不安、恐懼、挫折等感情。

相較於此，「私密化」後的個人冷

漠，則「不像原子化是浮動的」，並且「與其說是內部不安造成的逃跑，不如說是從社會實踐中隱遁」，「相較於原子化的個人，心理上是安定的，接近獨立化的個人」。「社會制度的官僚制化發展，社會、政治生活複雜化，將人吞噬，而私密化的人的隱遁，是面對這樣的情形，一種自覺應對的表現。」他的看法是，與其說是一種逃避，不如說是有自覺的轉身背對這種狀況，試圖構築自己的領域，在其中充實自己的私人欲求，是一種有一定的獨立性的態度形成模式。

究竟現今日本社會的「私密化」，是不是真的像丸山所述，有著能夠和「原子化」嚴密區分的特徵，是一種自覺性決定的獨立應對方式，如社會學者宮島喬指出的，確實需要探討，但是私密化現象確實有負面的一面。

私密化的悖論

私密化的動向是近代的產物，正因為不是日本獨有的現象，關於私密化同時具有正面和負面的兩價性，也不是只有日本學者的論點。在歐洲，做為對於近代個人主義的批判，從很久以前就已經在社會學、政治學的思潮中被提出討論。

托克維爾（Alexis de Tocqueville，一八〇五—一八五九，法國政治社會學家、政治思想家、歷史學家），早在十九世紀就指出，私密化之後每個人忙於私事，社會公共性遭到閒置，導致彼此孤立。接下來，如果過度重視自己的利害關係，個人主義就會轉化成利己主義，產生讓社會公共生活各種道德衰退的可能。

在社會學中，涂爾幹提出一個命題：

「當社會整合減弱，同時個人也不得不被迫和社會生活切割開來，個人獨有的目的也自然比共同目的優先，也就是說，個人的個性被迫必須超越集合體。個人所屬團體愈弱，個人就愈無法仰賴它，因此，就會益發只依據自己個人，變得不認同基於私人關心以外的行為準則」。

他指出，隨著個人主義抬頭帶來的私人欲求解放，在讓人從傳統中解放而獨立的同時，另一方面，在社會中製造出貪得無厭的脫序欲求的亢奮狀態。

此後，在社會學和政治學領域中，對於個人主義和私密化現象採取的立場，並非一貫肯定，而是冷笑的姿態；主要原因是考量到私密化具有雙重意義（按：日文原書引用羅馬神話中守門兩面神雅努斯〔Janus〕比喻）。

社會的近代化固然能夠帶來社會安定和經濟繁榮，帶給人們創造豐富生活的可能性。但是，隨著近代社會的演變，人與人的連結變得冷淡，並削弱了與團體和社會共同空間的聯繫，這是不爭的事實，也是文明化與社會近代化的悖論。

人類精神史也是對此悖論的挑戰。教育是其實踐之一。即使為不可逆反應，私密化依舊有正向的一面。的確，以霸凌為首，孩子們的問題是以私密化的扭曲為背景而生成的，但就像丸山指出的，伴隨近代化產生的個人化潮流，卻也孕育了民主化與獨立化的契機。現在我們的任務，應該是將私密化的正向的一面最大化，同時藉由培育對共同性開放的個人，來將負向的一面最小化，使日本社會趨於成熟。

現實社會並非一直線朝向私密化前進。社會學者鈴木廣提出了一個課題。強化個人化程度的方向，與試圖再次帶入共同體或團體的全體化方向是相互抗衡的。而私密化的動向，應該在這兩者的抗衡關係中思考。現實社會，就像鈴木所述，在「個人化—全體化」「私密化—公共化」的力學當中呈螺旋狀前進，這螺旋狀的向量是朝向私密化的。這樣的看法或許才是妥當的。

在現代日本社會中，私密化推進了個人化，讓原本埋藏在全體社會或團體中的個人開始有了表情，並且將其面貌呈現出來。但是同時，卻沒有形成獨立的主體，帶給人們的，是再度被全體社會和團體綑綁束縛下去的這種諷刺的結果。霸凌問題，告訴了我們這個事實。

2 新課題

避險的個人化

私密化社會從共同體的角度來看，就像社會學者片桐雅隆（Masataka KATAGIRI）所述，表現出來的就是變得無法像從前那樣將各個成員吸引到共同體中的現象。而從個人的角度來看，可以視為人們已經不再從共同體中尋找意義的現象。

在共同體當中，強烈受到私密化影響的是中間團體。所謂中間團體，是指存在於全體社會和個人之間，扮演連結兩者橋梁的媒介，像是親戚、地方團體或工會等也是中間團體。這些團體對於個人有各種功能，其中特別重要的，是規避風險的功能。我們在社會上生活，有時會面臨難以解決的課題。在這種時候，支持我們並且扮演防波堤角色的就是中間團體。

但是，當中間團體無法再扮演防波堤、人們的向心力也減弱，這時，大家變得必須靠自己探測到風險、靠一己的力量面對從天而降的受害。雖然看起來個人是從共同體的束縛中解放、獲得了自由，但人際之間的關聯變得微弱，加深了孤立。私密化社會也可能走到必須接受「自己的安全只能靠自己守護的社會」的地步。

「避險的個人化」，在成人社會和孩童社會中同樣進行中。為了脫離這個狀態，要活用既有形態的中間團體也好，或是構築新的中間團體也罷，如何將新的共同基礎嵌入社會，築起新的安全網，是一個巨大的課題吧。

社會排除的問題

一九八〇年代以後，在以歐美為首的先進國家之間，福利國家的破產成了問題。在日本，泡沫經濟崩壞的一九九〇年代之後，對此問題的認識擴大。國家財政的累積赤字和無力償還，是這個問題很大的背景因素。成立在和國民間契約關係的國家，變得不能再像以往一樣保障國民的福祉和安寧，這件事非同小可。

然而，問題不僅如此。資本和資訊、人才的全球化，改變了各國的組織運作，對國民生活也產生了重大的影響。從一九九〇年代到本世紀的日本社會結構改革和法令鬆綁，就是在促使活化日本國內經濟的同時，試圖應對全球化國際社會。這些變革雖然產生了一定程度的效果，但是也產生了新的社會問題。例如，由於雇用規則的放寬，開始大量出現非正規雇用，發生了勞務管理的新問題，或保險年金等社會保障問題。此外，還出現尼特族（按：NEET，Not in Employment, Education or Training，意指沒有升學、沒有就業、沒有參加進修，也沒有接受職業訓練或就業輔導的青年）、窮忙族（按：即使有工作由於必須償債或貸款，過著貧窮生活的青年，或譯為工作貧窮〔日式英文 working poor〕）等新貧困問題。隨著「小政府」趨勢，城鄉的落差也加劇，給地方經濟和居民生活帶來不少的影響。

關於這些新的問題群，只靠以往的福利政策顯然有限，需要新的社會策略。在歐盟各國，將以往不在公共服務對象中的「新貧」和「新自由主義」所帶來的問題，重新定位成「新的社會排除問題」，並積極致力改善。

另外，對於與家人和社會網絡被切斷導致孤立的人，則重新用「社會排除」的觀點來審視。在社會排除的背景中一個很大的要素是，與政治、經濟結構上的變動一起出現的、私密化社會中共同性的波動。有些人沒有被包括在職業、住址、社會網絡、或是戶籍、地區居民組織的成員等任何社會地位（social position），或是遭到排除在制度之外。政府便以這些人為對象來從事政策之立案。

關於孩子和年輕人，可以列舉的具體社會排除問題包括：「霸凌」「兒童虐待」「身心障礙」「拒學」「繭居族」（按：源自英文的 cocooning 或日文的「引きこもり」，不上學、不上班，不與外界接觸、不和社會交流的青年族群；引申為自我封閉。）「高中輟學」「尼特族」「窮忙族」「單親家庭」「教育和文化資源等的城鄉差距」「外國人」「酒精・藥物中毒」「犯罪・不良行為前科」等。

面對這些社會排除，歐盟諸國打出**社會納入**（social inclusion）的政策理念。當中將恢復「公民權」置於核心，以「尊重人權」「社會性存在的獨立與社會參與」理念為基礎。更簡潔的表現，可說是一種追求修復被切斷的**社會聯繫**（social bond）和獨立的對策。

要達到上述目的，國家和地方公共團體必須將問題帶到垂直的「仰賴官方型」統治機構才能解決問題。如同開頭所述，現實狀況是，為了削減國家財政赤字，用在解決國民問題上的預算也必須減少。

此外，公民的需求也愈趨多樣化、高度化。社會排除的問題，也在時代變動當中，相互影響、漸趨複雜。要靠行政去實施如此顧和個別需求的細微服務幾近不可能。過往的治理樣貌，面臨早晚必須改變的狀況，這些徵兆已經開始顯現。

新公共性的構築

不管是向來社會問題的處理對策、新的社會排除的處理對策、或是更加提高人們生活品質的措施，現今需要行政和民間團體組織以及公民的連動，才能實現。

這也意味著有些問題「公共」無法一肩扛起的自覺。需要的是，脫離以往的官方主導、仰賴官方的「縱向治理」，公民和民間團體並非「官方」的補足角色，而是新「公共性」領域的舵手。

在這樣的情況下，公民的立場不像以往是以「私人」角色依賴「公共」的「縱向」關係。相對於「公共」，既非純粹是接受服務的領受者，亦非由於無法納入制度框架而被捨棄的存在。從現在起，社會這個存在，必須轉換成「私人」與「公共」處於「橫向」齊頭並進的關係，時而對抗，一方面對立、同時合作，以形成社會公共性。

此時，有一個非常重要的存在，就是將在私密化動向中鬆弛、斷裂的社會聯繫串聯起來的舵手。近年，在日本社會中也開始出現擔任公共性領域舵手，做為新中間團體的團體或組織。

例如非營利組織和志工等第三部門在日本社會也開始扎根，出現成果。在歐洲，社會企業、社區商業、社會農業（social farm）或社會合作社等，除了原本的志工組織之外，還展開了多種公共目的商業。這些又被稱為社會經濟（social economy），雖然是商業，同時支援社會福利、活化地方經濟或確保雇用等公共利益，也扮演一定的角色。此外，在展開新公共性構築和社會商業時，社會資本（social capital）受到矚目的背景，也是基於私密化社會扭曲帶來人與人之間聯繫的解體。

新公共性構築的摸索，並沒有侷限於成人社會。近年，學校教育中也開始進行。迴避霸凌或暴力行為、保護我們不受害的學校社會防波堤，以往的期望寄託在教師、朋友等非正式團體。

特別是在學校裏，對於「教師」這個公共性存在，有很高的期待。但是，正如我們在第二章中提到的，以涵括「第三波」前後的時期為分水嶺，在日本也開始看到校內霸凌對策的變化。

其中一個是第二章也提到過的，嘗試一邊活用中小學學生會這些孩子們自主的活動，一邊設法引導出孩子們的自淨作用。在與教師協力的情況下，掌管攸關學校這個社會公共性的活動，做為培育公共性舵手的嘗試，是值得評價的。這是一個也適用於安排在歐美教育課程中公民教育的嘗試。

不只在日本，私密化也是許多經濟先進國家面臨的課題。近年逐漸推廣新對策，展開許多「私人部門」的活動。那是對於欲望的無限膨脹和私人權利脫序的擴張這個扭曲現象，試圖重新構築能夠成為防波堤以協助個人規避風險的新中間團體。事實上，在新自由主義中人與人之間的聯繫漸漸被切斷，在歐盟諸國，大家將這些嘗試視為讓這些勾連「新公共」和「新民眾」公共性創造中重生的手段。

這些官民合作的「新公共性」構築，將以往日本社會中的「縱向治理」轉換結構，成為以「橫向治理」為基軸的「公—私關係」。要實現這些結構轉換的前提，是轉換對公民權責的看法。以往以「縱向治理」為基軸的社會，其公民權責向來強調的是，從行政單位接受服務的權利的面向。但是，如果轉成參與「橫向治理」的主體，公民權責就必須轉換成一個概念，就是受益者權利與身為社會成員之責任是互為表裏且不可分割。

當我們思考潛藏在日本孩子們霸凌現實裏的個人欲求膨脹、私人權利脫序擴張、自私自利、自掃門前雪、缺乏同理心、冷漠、互不干涉、從眾行為、欠缺共同性、聯結的弱化等問題時，對於要肩負未來社會的孩子們，我們該如何培養他們身為社會一分子的責任倫理？又如何讓他們實踐？將會成為日本教育的重要課題。

3 公民權責教育

在歐美的學校教育，為養成對公共開放的個人，重新審視了可通稱為「公民權責教育」的教育。不同的國家有不同的教學科目名稱，但大致上教育內容是共通的。以下歸納到目前為止的研究重點：

①在國家、國際形成的共同體、地區社會等，
②對於兒童和少年，現在和未來做為構成社會的成員，
③在法律上和政治上皆是如此，
④自己，或是面對他人，培育擁有基本人權主體之自覺與行為，
⑤追求維持社會、使社會發展、促進人人安居樂業和享有福祉的「公共善」，

⑥謀求己身幸福與自我實現的同時，
⑦培養在社會中生存必要的資質與能力、價值和技能等「社會素養」，
⑧目標為確立己身為一個主體，能夠主動參與充實公共性的公共制度或機制的建立或活動。

以往的公民權責教育，被定位於培養人性道德教育中之一環。但是，自一九九〇年代末期開始，歐洲的犯罪、不良行為、霸凌、暴力行為等橫生，學校的亂象與社會的失序漸趨嚴重。結果造成拒學、輟學、尼特族等，從學校進入社會時產生問題，看不到與社會接點的青少年增加。為了重新整建這樣的狀況，公民權責教育才被拿出來重新審視，也開始提倡新的教育計畫。

不過，公民權責教育並不是只為了拿來應對校內的問題。如前所述，解決社會排除問題也是其中目的之一。

在這裏應該注意的是，社會排除以各種方式出現，並不是全部都像字面敘述那般，一個遭到唾棄的人被彈飛到社會邊緣的狀況。在「冷漠」「忽視」的狀態下，「遭人拋棄」「受到孤立」「與人隔絕」等現象也是遭到社會排除的表現形式，這一點，我們必須事前掌握。在旁觀者目睹之下進行的霸凌，也屬於這個類型。此外，當事人對社會或團體欠缺承諾、無法形成社會的自我認同，自行邊緣化或是切斷與社會的聯繫，這些狀況也必須視為「自我排除」，將其涵括在「排除」的概念當中一併思考。

公民權責教育可以期待的效果是，從根柢支持社會包容（social inclusion）的理念政策、制止民族國家的動盪、使社會秩序安定。這是因為，它可能可以讓遭到排除的人和對於排除抱持危機感的公民，具備肩負社會的動機與責任，重新構築與社會的聯結。

以歐洲為中心，公民權責教育做為教育改革的核心，並且受到矚目的背景，存在的就是這種對民主主義與國家基礎動盪的危機感。

此外，超越國界、有時甚至是整個地球規模發生的問題，也隨著全球化更趨嚴重。「世界的政治、經濟結構的驟變」「資源和金融資本的相關問題」「地球規模的環境問題之擴張」「區域戰爭與文化和宗教帶來的對立」「種族歧視和政治迫害引發的人權危機」等，要解決這些問題，構築一個超越各自國家利益的合作體制，以及對於解決的參與規畫是不可或缺的。在這一點上，也對公民權責教育扮演的角色有很大的期待。

英國的例子

有人詢問歐維斯和史密斯等歐洲霸凌研究者，為了改善霸凌如何實施教育，還有其教育目標為何，他們的回答是「歸根結柢還是公民權責教育」。霸凌發生在日常生活的世界。因此，必須將遏止力嵌入日常生活中，藉由發揮自淨作用是防制霸凌的絕對條件，而他們就是將此期待寄託在公民權責教育上。

那麼，在歐洲各國、特別是很注重公民權責教育的英國、法國、德國，是如何實施的呢？我們得到調查了近年狀況的武藤孝典（Takasuke MUTO）．新井淺浩（Asahiro

ARAI）的優秀研究結果（按：『ヨーロッパの学校における市民的社会性教育の発展：フランス・ドイツ・イギリス』），以及日本國立教育政策研究所（National Institute for Educational）許多專家的參與企畫，實施了廣涵教科目標・內容構成的調查研究，彙整如下。

根據武藤的調查：「在英國，早在一九八〇年代末期就已經有人開始談論公民權責教育，在布萊爾（Anthony Charles Lynton Blair，按：一九九七年至二〇〇七年擔任英國首相）政權下正式導入。從二〇〇二年起，在英格蘭的中學的公民權責教育科目義務化，主要是因為伯納德・克里克（Bernard Crick）公開《公民權責教育報告書》（*Advisory Group on the Teaching of Citizenship and Democracy in schools*，簡稱 *The Advisory Group for Citizenship Report*，或《克里克報告》〔*The Crick Report*〕，一九九八由英國資格檢定與課程大綱開發機構〔QCA，Qualifications and Curriculum Authority〕出版）。」

在此之前，於一九八九至一九九〇年，英國全國祭出了個人、社會、教育（PSE，

Personal, Social, Education）的構想（為了強調性教育等健康教育，加入了健康（health）的H，稱為PSHE）。這個課程的目標是建立人格、社會性、健康且安全的生活型態。具體上內容的主軸是，養成兒童和少年的自我肯定感和責任感、獨立精神等「自我確立」，以及培育對他人的關懷和敬畏的念頭、或是尊重與他人之不同等「和其他人的良好關係」。「為反霸凌而參與策畫學校方針」也被明示在PSHE的學習內容中。

據新井淺浩表示，特別設置科目「公民權責」，是以PSHE的實踐為基礎，共有公民權責教育、經濟教育、職涯教育、環保教育、健康教育五個主題組成橫跨教科的教育。因此，和其他教科的融合就不用說了，在教科以外，還有班導師指導指導學生或教育諮商或者班級設計等「個別指導」時間，以及特別活動和體驗活動，範圍非常廣泛。

從就學前到中等教育之後，配合成長發育階段一貫進行。另外，在英國，做為價值教育的宗教教育也是必修課，和公民權責教育連動。

法國的例子

法國的狀況又如何呢？武藤等人在研究中，對於法國將公民權責教育當成貫徹學校生活全體教育活動的經過，敘述如後。

在法國，於一九八五年的課程修正中，讓原本在教科領域之外的「公民教育」重新恢復成教科。「為培育具有責任的公民，此智育科目開始受到重視。但是，由於之後學校秩序漸趨鬆散混亂，自一九九〇年代末期開始，提倡了公民教育與智育科目分開，另外實現從根柢支撐學校秩序的新『公民權責教育』。試圖透過公民權責教育養成公民的自發性。」所謂的公民自發性，應該是指在靠自己解決公民生活中遇到問題的能力、責任與自律性之公民的行動原理。

在法國，針對公民權責教育，並沒有具體的學習指導要領規定。不過，自從一九九〇年代末公告以後，將公民權責教育定位於教育課程，鼓勵導入。具體來說，將與公民權責有關的複數教科組合起來橫向學習，同時配合課外活動在學校教育整體當中展開公民權責教育。

根據國立教育政策研究所的調查報告，在英國是有安排「公民權責」的特設時間，並且規定學習達成度評價的義務，在法國則是期待它能補足以往將道德做為知識來傳授的「公民」課程。重視討論和基於學生周遭生活體驗的學習等，試圖以與以往教育不公的切入點來發展。

在法國，並未將宗教教育設為必修。但是，有鑑於近年青少年的暴躁失控現象，也有人提出其必要性。由於法國的地區、階層、民族之間的落差擴大，同樣被認為是嚴重的社會問題，其對策定位在「與社會排除的戰鬥」，將其法制化。在這些社會排除背後，存在的是相互尊重與社會責任觀念的淡薄化。大家同時也期待公民權責教育能夠重新構築這些觀念，扮演加深社會聯繫和統合的角色。

教育學者石堂常世（Tsuneyo ISHIDO）認為，法國德育的特徵如下：

「法國實施的是讓孩子『變成大人』的教育。進行名為啟發（éclairé）的公民權責教育，比起成長更為頻繁提及。」

德國的例子

在德國，傳統上在「宗教」「倫理」，或是再加上「生活建構」的「生活建構・倫理・宗教」教科中進行道德教育，來達到人格形成和社會性培育的目的。雖然沒有像英國針對公民權責教育設立特別的科目，但有讓學生橫貫的學習涵蓋在現存教科中的內容。

另外，根據前述武藤等的調查，近年在德國也開始嘗試朝公民權責教育發展。例如「聯邦・各州教育計畫研究輔導委員會的模型實驗民主主義學習與生活，從二〇〇二年開始，進行為五年計畫，到了二〇〇四年已有十三州約二〇〇校的小學、中學和職業學校加入。計畫的主要目的，是透過將民主主義運用在課程與學校生活中，促進青少年積極參與公民社會」。武藤將其定位於「這個模型實驗，未來將會形成德國公民權責教育的核心」。

這些歐洲各國對公民權責教育做的努力，對ＥＵ（歐盟）和ＥＣ（European Commission，歐盟執委會）的動向有很大的影響。在各國著手進行前，一九九七年，歐洲委員會（Council of Europe）為克服宗教和民族等多文化狀況，實現無戰爭的和平歐洲，開始推行民主公民教育（Education for Democratic Citizenship）的活動。之後為了強化ＥＵ的經濟發展與團結力為目標，其中一環在於培育主動參與建構歐盟的公民，投注了很多心力。

關於霸凌與校園暴力，二〇〇一年在歐洲委員會與聯合國教科文組織的支援下，召開了第一次國際會議。在ＯＥＣＤ，從二〇〇五年度開始啟動教育計畫，進行各國霸凌與暴力之研究，積極交換資訊。

在這些國際的動向中，霸凌和暴力並不只是學校的問題，可以看出，他們將其視為攸關世界和歐盟境內、或是各國社會秩序、和平與安全的問題。歐洲各國導入公民權責教育，是因為大家期待能夠由根底支撐現代抱持問題的解決對策。

日本的公民權責教育

在日本，「公民權責教育」不是眾所熟知的名詞，但並不指以往學校教育完全沒有實施。

像是小學的「生活科」「社會科」或中學的「公民科」，就包含了許多與公民權責相關的內容。

此外，一九五八年特別設置，目前依舊存在的「道德科」也有很密切的關聯。環境學習和國際教育、社區服務活動的的「綜合學習」也涵蓋了一部分。

但是，這些雖然也包含了一些體驗性質的學習，依舊偏重於知識教育。尤其是「道德科」，特別設置之後，有意識形態上的反對、在教師身上看到對於傳授價值的罪惡感，或是以指導上的困難為由，並沒有徹底執行。

班會活動、中小學學生會、學校例行活動、社團活動等的特別活動中，也包含了與公民權責教育相關的內容。但是，在日本，一直以來，這些活動並未被定位在肩負部分公民權責教育的地位。

學生指導（也稱為生活指導）的教育功能，過去大致上可分為二。一個是支援孩子未來成長為一邊培養公共精神、肩負社會、力圖自我實現的同時，一邊追求己身幸福與社會發展的大人。也可以說就是公民權責教育。另一個，則是處理阻礙孩子們的成長・發育、威脅到學校學習環境的問題行為。

原本，學生指導被託付了這兩個功能。但是霸凌、暴力行為、拒學等愈趨嚴重，負責學生指導的教員，容易忙於後者，因此無法著手於另一個功能，也就是公民權責教育。

最近，開始出現積極促進公民權責教育的嘗試，例如沖繩縣製作「公民權責教育副讀本」，以及和歌山教育委員會推行「培養公民權責的教育」等例子。二〇〇六年，東京都品川區中小學開設「公民科」課程。即使如此，和前述歐盟諸國相比，日本的公民權責教育還稱不上完備。

不過，各科目含有相當於公民權責教育的內容也是事實。因此，首先有必要將包含在各科目中關於「公民權責」的內容整合為「公民權責教育」。此時需要注意的是，不是只有像英國那樣設置特別科目的方法。還有像法國那樣，一邊融合現存的「公民教育」，同時以學校教育活動全體為切入點的方法。在英國，也同樣併用了這樣的全面切入法。

另外，在日本，要活用既有科目，就會很容易陷入單方面講學授課的形態。但公民權責教育講求的是實踐能力。為了達到這個目的，必須要有參加改善學校和地區的實踐活動的機會。

最後，在公民權責教育中，不僅要孩子們確立自我，培養他們勇於面對衝突的協調能力也是很重要的事情。我們從歐洲導入公民權責教育的來龍去脈也能夠了解，為了大家的共存共榮，必須了解彼此的不同、調整對立的利害關係、必須具備揚棄（aufheben 或 sublation）的能力。

社會聯繫這個前提

不論公民權責教育對於解決現代社會問題有多麼必要，或是國家有多麼積極推動，如果身為公民的國民，無法對國家與共同體抱持自我認同，汲汲營營於一己的利益，那麼，公民權責教育只會流於形式化。要成為這個前提條件的「對共同性的連結的意識」，稱為「社會聯繫」。

在日本，大家開始認識到公民權責教育之重要性的背景，和歐洲一樣，是因為共同性動搖，而大家實際上面臨了由此延伸的社會問題所致。這是一種面對「私密化」產生的傾斜，為了取得平衡而往「全體化」方向轉舵的動向。

當然，雖說往「全體化」轉舵，並不是一路往全體化邁進。在「私密化─全體化」這個力學關係當中，大局上可以看到其向量的發展，看來終究還是會繼續螺旋狀朝向私密化的方向前進。事到如今，已經無法回頭。人們在私密化潮流中已經嚐到甜頭，不僅從人際關係的牽絆中解放自我，也能尋求個人幸福，體會自由自在生活的滋味，這也是私密化社會正向的一面。既然如此，要一方面將私密化社會的利益發揮到最大，同時矯正顯現出來的傾斜，僅有在「全體化」中摸索解決方式一途。

再者，經驗過私密化潮流的社會，當試圖以全體化要素來當成穩定器時，必須考慮到團體和社會對個人的約束力．吸引力比以前更弱這個要素。社會聯繫應該是連結人們參與社會的「線」，如果成了強制限制個人於此的「鎖」，向心力是無法提高的。

當然，個人是否能從社會聯繫當中找出「意義」是很重要的。對自己而言「有意義」的這種認知，應該能夠變成「賦予意義的『線』」，進而吸引人群；這就是為什麼私密化社會被稱為「探求意義的社會」。

在第六章，也是本書最後一章，我們將以社會聯繫的概念為主軸，來思考如何建構能夠阻止霸凌的社會。

第六章

邁向能夠阻止霸凌的社會

1 聯繫孩子與學校的「線」

社會聯繫理論

對孩子而言，與學校之間織出的社會聯繫，是對於學校所「賦予意義」的線束，而並不是一條線。

例如，「對自己學校的傳統引以為傲」「喜歡自己參加的社團，感覺為它努力很值得」「有能夠輕鬆交談的朋友」「非常喜歡班上的氣氛」「營養午餐的阿姨很親切，很重視學生們」「英文對自己的將來應該很有幫助」「理科實驗很有趣」等，是由對學校這個社會場域投出的一整束賦予意義的線組成的。

這一束線愈細，孩子與學校的連結就愈微弱，容易產生問題行為。反之，愈粗，對學校的連結就增強，不容易出現問題行為。社會聯繫，蘊藏了遏止問題行為的力量。

美國犯罪社會學者特拉維斯．赫胥（Travis Hirschi，一九三五—二〇一七），著眼於社會聯繫的這種功能，實際證明能夠遏止犯罪與不良行為的發生。他提出**社會聯繫理論**（social bond theory），在歐美和日本都被從各種角度驗證，特別是關於輕微的不良行為，因為具有高度的說明力，得到很高的評價。此外，對於犯罪和不良行為以外的問題行動，同樣獲評具有說明力。

赫胥認為構成社會聯繫的要素，包括了**依附**（attachment）、**抱負**（commitment）、**參與**（involvement）和對規範之正當性的**信念**（belief）。

社會聯繫理論，之所以至今依舊被視為有效的理論，是因為它顛覆了以往的想法，具備很高的說明性。在以往的脫序行為論中，向來是設問特定少年「為何打破規範」，然後尋求解答。相對的，社會聯繫理論，則是試圖解答特定的少年「為何遵守規範」。如果比喻為物理學，以往的理論是著眼在脫離日常世界的力量，也就是「斥力」，而社會聯繫理論的特徵則在於，它是著眼於維繫在日常世界中的力量，也就是「引力」。

根據此一理論，對於脫序行為的說明是，規範支撐著日常生活世界，而脫序行為是起因於削弱這個世界的引力。因此，它是藉由釐清我們為了遵守規範必要的日常生活要素為何，來提供有效的對策。

若我們將此類推到霸凌上，根據社會聯繫理論，我們就能夠明白包括霸凌者、被霸凌者、甚至旁觀者、仲裁者這些孩子們的日常生活中，規範性秩序是如何維繫住的、霸凌是否能被控制住。

並非僅止於現象的說明，這個理論也可能找出遏止霸凌的實踐方法。

構成社會聯繫的要素，連結了人們與社會或團體，創造了促使社會進步的契機。它是讓公民權責扎根不可或缺的要素。在霸凌上，則是醞釀孩子們面對這個問題的動機與責任感的基礎，讓他們自己去參與策畫如何締造他們能夠安心前往的愉快的學校。

社會聯繫的強弱，也會影響到班級的團結、孩子們的向心力、規範的內化、團體秩序的安定化等。這些也和孩子們學校生活的愉快與否攸關、安全和安心感，同時也左右了孩子們個體的自我實現。

在私密化這個變化當中，現代日本的組織，為了維持像過往對於成員的吸引力，必須強化社會聯繫。在這層意義上，社會聯繫能夠扮演安定私密化社會的穩定器角色。

接下來，讓我們依序說明社會聯繫的要素。這些要素在私密化的現代日本社會中，指引了帶領學校到達對孩子們而言是個有魅力的教育場所之路。同時也是將孩子們與學校做連結的方略。

此外，社會聯繫的功能能夠藉由讓孩子們與學校這個社會縮影連結，幫助孩子們得到培養以一個獨立自主大人的角色與社會連結，以擁有豐富人生能力的契機。此外，社會聯繫也是在因私密化導致個人必須承擔風險時，指引人們重新構築公共性途徑。

依附

依附，在社會聯繫中是一條情感取向的線。通常依附是指對周遭人們的感情，和在其間形成的連結。以孩子們而言，依附對象是學校的朋友和教職員。其中，和朋友的連結又是特別粗的線。因此，當這個連結出現裂痕，就會發生問題。霸凌也是其中之一，而且，還容易造成拒學或暴力行為。

此外，在社會聯繫理論中，所屬的團體也被視為依附的對象。每個人或多或少，都會對自己所屬的團體有感情。這分感情，美國社會學先驅孫末楠（William Graham Sumner，一八四〇—一九一〇）稱之為**內團體情感**（in-group favoritism），而對於並非自己隸屬的團體抱持的競爭心或敵意等則稱為**外團體情感**（out-group favoritism）。在我們的日常生活當中，「內團體情感」以母校愛、公司愛、故鄉愛、民族愛等形式出現，有時也會促成學閥意識（按：同一所學校畢業校友自成一派）或排外的民族主義。這些依附產生的連結，能夠提高成員間的向心力和團結合作，有時甚至會造成捨己獻身的行為。

依附的情感，也是形成成員的自我認同、讓成員對自己屬於這個團體感到自豪的泉源。因此，有些學校會強調學校的傳統、列舉傑出校友輩出的事實，或是宣揚孩子們成果為策略。

抱負

所謂的抱負，是指對於自己涉及的社會場域（champ 或 field），做出合理的判斷、選擇是否遵從其規範與角色、或者是否要留在該團體。相對於依附形成的是情感上連結的線，抱負可說是理智上的連結。之所以將 commitment 翻譯成「抱負」，是因為這是一種選擇是否讓自己順應社會場域要求的「賭注行為」所產生的連結。

在此，讓我們列出在霸凌上扮演重要角色的抱負對象。

①對規範的贊同與社會的連結

當一個人面臨抉擇是要遵守規範還是違反規範時，每個人都會預想自己的成本效益。即使明知霸凌是惡行仍舊我行我素，這是霸凌者權衡得失之後，判斷自己採取霸凌行為可以勝出得利。試圖脫序之際，往往會採取強化社會監視或重罰，這是為了訴諸於成本感覺。在這樣的情況之下，當人們對於惡行沒有懲處，而霸凌者實現預想的成本效益，形同他對於脫序行為所下的賭注就得到報償。如果是犯罪，就可能成為累犯；如果是霸凌，就可能成為習慣。

周遭負向的反作用之所以在遏止霸凌扮演了重要角色，也是因為會影響到成本的緣故。但是，霸凌加害者和周遭孩子們之間如果沒有形成彼此依附的聯繫，周遭的遏止力就不會有任何效果。

此外，在周遭圍觀的孩子們選擇如何反應的過程當中，也存在「抱負」原理的作用。大家都說現在的孩子們對於現場氣氛反應過度。如何幫助他們將行為基準點超越眼前的狀況或與同伴的關係，提升到社會正義的實現這個高度，是公民權責教育一個很大的課題。

②透過對需求實現的預期與社會的連結

衡量學校是否是實現自己需求的場所，也是形成抱負連結的契機。在學校遇到困難時會有人支持自己、在學校所學是有用的、學校能幫助自己孕育未來的夢想、是個愉快的場所。如果能有這些想法，孩子就會判斷學校生活是有利的。

但是，學校生活不會總是滿足孩子們的需求。在這種時候，如果有足夠讓人忍耐的要素，孩子們就能夠「撐」過去。大家都說現在的孩子有一顆玻璃心而不懂得忍耐。但是，在做出這個結論之前，我們必須先問，我們是否提供了孩子們足以讓他們願意忍耐的學校環境。其中之一是對需求實現的預見。如果能夠預見實現的可能性，天秤就會大幅傾向有利的一側，那麼社會聯繫的線束就會變得又粗又牢。

③透過社會職務與社會的連結

擔任社會職務也能成為一個重要的契機。在團體當中，一定具備成員必須執行的職務。甚至有些職務，如果無法發揮它的功能，就會威脅到團體的存續。職務對於團體而言就是如此不可或缺。

而對成員來說，可以藉由擔任職務來和所屬的社會或團體產生連結。即使只是單純加入成員，由於會被賦予義務和權利，也算得上是承接了職務。「公民權責」也是國家與社會框架中的成員資格，肩負了身為公民的職務。

此外，在人際交往以及社會運作上，社會職務都是不可或缺的任務。這是因為社會職務在人與社會的交集，扮演著連結人與社會的角色。就社會的角度而言，則是透過職務來投注社會的要求與期待。人們也會透過職務來滿足自己的欲求。

人所表現出來的「社會性」，原本就可以看做藉由擔任職務來參與社會，追求社會發展與每個個體實現幸福的能力。

那麼，所謂的「社會性」，是由怎樣的內容構成、要讓對方理解什麼、如何習得，我們在這裏做一個整理。教育社會學者門脇厚司（Atsushi KADOWAKI）將「社會性」的內容，以培育「社會力」的觀點做了整理。我們參考門脇整理的資料，再重新以培育「公民權責」的觀點審視，得到以下的培育重點。

a對於自己是構成社會一分子的自覺；

b對於在團體中自己存在方式的理解；

c對於人際關係上自己存在方式的理解；

d認識社會、團體或是關係中的「社會職務」；

同時：

e具備適切執行自己被分配到職務的資質與能力；

f理解自己身處的狀況與環境；

g能夠理解並尊重自我和他人的尊嚴；

h 培養協調己身與他人間之利害或主張的能力；

i 能夠顧慮己身行為的結果；

j 能夠為己身行為負責。

這些是隸屬於社會或團體時，身為成員必須具備的意識或行為。a 到 c 是關於身為成員必然附隨的「職務自知」的部分，d 與 e 是對針對各個被分配到職務與其權限、責任的「職務資格」「職務定義」之認識，f 到 j 是伴隨實際「職務執行」的事項，特別是 i 和 j 是關於行為責任與義務的部分。

在學校教育當中，也認識到肩負社會職務和執行的重要性，在新學習指導要領的「道德」中，也將針對職務的教育視為重要的主軸。在小學低年級，從幫忙家事開始，在高年級，則是啟發對周遭團體的參與和職務的自覺，讓他們朝向和人合作來完成責任的方向發展，在中學，則進而讓他們一邊自覺己身職務與責任，同時提高他們對改善團體生活和對公德心和社會連帶的自覺，培育致力於實現更好的社會之價值與態度。

在生活中，兒童和少年藉由自覺，主動執行社會職務，可以實際體會到成就感、培養自尊心，感到自己在社會上是個有用之人。不僅如此，也是提高在社會中自我實現、培育身為社會一分子自動自發付諸行動主體的重要舞臺。

參與

重點在於能夠發現自我實現或滿足自己的需求，這種自覺會愈來愈強。也有人稱為「consummatory act」，直譯為「消費性的行動」。用法相對於抑制眼前的需求，為達成目標採取合理行動的**手段性的行動**（instrumental act），也有人譯為「即時達成」的行動。

所謂的私密化社會，正因為是一種忠於自我欲求的行為占了優勢的社會，這個要素在形成現代社會的社會聯繫上不容忽視。現在的孩子們通常會避免為了有更好的明天而忍受今天的痛苦，他們比較關心的是，當下是否過得開心。

所謂的參與是指，藉由從學校提供的活動當中，找出自己的充實感，並投入時間與精力，來形成社會聯繫。具體上，藉由在課堂當中誘發他們的學習意願、透過體驗活動讓他們有成就感、讚美他們以建立他們的自我肯定感，來構築他們對於學校的社會聯繫。

不過，活用「潛在活動領域」也很重要。在一般的教科當中，主要的課題是將孩子們的學力盡可能提到最高點。因此，無論如何，都無法避免挫敗感的積累。不只孩子，教師也是如此。團體預想這些情況，為了紓解成員的壓力，安排了安定情緒的活動。包含較多「潛在的活動」的，像是休息時間、下課後、遠足、運動會、校慶等活動，乍見之下只不過是遊戲，似乎毫無意義、缺乏效率，實際上，卻有安穩團體成員精神狀態和人際關係的功效。如同在日本企業，下班後會和同事去小酌一番、或是舉辦部門聚餐等聯誼活動是一樣的道理。如果這些潛在活動無法在團體中順利發生作用，就會出現問題行為，潛在活動就是如此強化社會聯繫功能。

對規範之正當性的信念

規範，對於成員而言，很容易被認為是引起必須遵守的道德義務感，實際上只靠著規範的存在，並不會誘發這樣的情感。

必須要靠著認識到遵守規範這件事對於團體和自己是重要的事，才能將成員留在守法的世界裏，維持團體的秩序。所謂（對規範之正當性的）信念，就是指抱持這種情感的狀態。如果無法成功建立這樣的情感，就只能仰賴懲罰帶來的威脅。當然，只是藉由對於罰則的恐懼感以維繫社會聯繫，也是有可能的事情，但在這種情況下，如果沒有監視的人，規範就容易受到侵犯，甚至可以說，規範其實極為脆弱。

此外，信念的強弱，還會受到規範管理、運用的方式。比如說，當教師或校長沒有好好處理霸凌，在班級經營中也無法維持正義，那麼孩子們的信念就會很微弱，班級氣氛也會惡化，霸凌與暴力就會横行。

如前所述，在我們的調查當中，已經得知，霸凌發生率高的班級，會有一些強烈的傾向，像是孩子所處的團體存在著「正直的人（按：霸凌中發揮旁觀者正義的仲裁者）不會有好下場」的默契，或是教師由於偏心經營班級造成有失公平的舉止，或是教師顯露迎合孩子們的態度等。除此之外，消弭指導上不一貫的情況也是很重要的。總之，霸凌從外側就是很難了解被害實情，容易因不同的人產生不同的解釋。因此，重要的是教師之間有共通的理解。

以上我們概觀了構成孩子們與學校間連結的線的主要因素。各種要素，就像對朋友的感情一樣，有時候雖然只有一條線，但這是一條是很粗的線。不過，通常的關係是，各個要素合成一束線，每一條線藉由相互纏繞彼此強化。

如果社會聯繫的線束牢固，就能減少霸凌等問題行為的發生，即使有孩子受害，也可以減緩孤立感。此外，社會聯繫也會對孩子們的「社會性」發展有很大的影響。

2 柔性行為責任

周遭的人採取的態度，會讓霸凌的狀況產生變化，這件事我們已經在前面說明過了。這意味著，在霸凌現場的所有孩子的言行，對霸凌的生成與發展有著某種影響力，以及所有的孩子們共通分擔著行為責任。

但是，和職務不同，要不要扛起那個責任，完全取決於自發性的主體性。就算不扛責任，也不會受到制裁。如果沒有任何人扛起那分責任，團體活動就會遇到阻礙。像這樣的責任也可以稱為「柔性行為責任」。

私密化的動向，往往傾向於造成對他人漠不關心、阻礙肩負公共性公民意識的形成和社會參與的促進。相較之下，社區服務或志工活動等，正是基於「柔性行為責任」的活，在教育改革國民會議二〇〇〇年提出的報告書中，提倡積極推進這些活動的策略。

不過，對於社區服務和志工活動等的想法，尚未深植於在日本社會中。

放眼海外各國的社區服務或志工活動，這些活動可以比喻為有堅固地基支撐著的獨棟二層樓建築。

建築物的基礎，是由社會或團體分配的職務構成。之所以將之比喻為地基，是因為一個人完成社會職務，會變成他和社會的接點，形成社會性的基礎。因此，比起露出地面的志工活動還要基本，更加不可或缺。

建築物的一樓，有一個叫做社會服務（social service）的區塊。只要我們身為社會一分子，使用公共空間或服務等，那麼在分配到的職務以外，還會有許多必須完成的工作。一般說「主動多做一點」也在這個領域裏。有不少工作，只要有人自願去做就好，或是定位在行政負責的範圍，這些工作就算不做也不會特別挨罵（但是如果有人主動完成甚至做得很好，會讓人感到很窩心）。

不過，在該社會共同生活中受惠的人，自動參與的情形，我們稱為「社會服務」。這些職務，雖然是公民的責任，但不具強制性，可說是基於個人意願的「柔性行為責任」發生的舞臺。

相對的，建築物的二樓部分，是最接近我們說的「志工」的活動。行為責任相較於社會服務更為柔性。在身為社會一分子之義務責任這點上是相同的，但它是以和平日接受的服務或生活的團體無關的領域為對象的一種自發性的活動。

在日本，將「志工」和「社會服務」一併稱為志工，這是有問題的。例如，孩子們參與上學途中路徑的美化。我們很容易把它視為志工。但是，嚴格來說，這種活動應該稱為社會服務。

其後的背景，是大家沒有明確的意識到「柔性行為責任」這個想法。如同前面的說明，實際上，地基部分是身為成員肩負的責任，往上是社會服務，再上一層是志工活動。如果在地基部分，對於職務的義務和責任觀念不夠扎實，附加在外的社會服務或志工活動等，就無法深植「柔性行為責任」。

日本的育兒風氣

只要仔細看一下國際比較調查，就可以發現日本孩子很少在家庭裏肩負特定職務，也很少幫忙做家事，有些孩子幫忙做家事，還會要求家長給零用錢。此外，好像有許多家長認為，讀書就是孩子在家裏的職務。但是，讀書並不是家庭這個團體維持營運的必要工作。

日本在如此這般的育兒風氣中，就會疏忽培育一種觀念，那就是家庭也是社會團體之一，即使是小孩，也有身為社會成員之一必須參與的工作。在家庭裏同樣也有伴隨「柔性行為責任」的社會服務領域，以及可以稱為志工活動的領域，這些都是日常生活的延伸，但是，大家卻失去理解這件事的機會。

家庭，正因為是形成人格核心的團體，非常適合讓孩子從小體會公民意識的基礎、並付諸實踐。雖然如此，實際上我們環視一下，會發現讓孩子肩負的職務，幾乎全都不見了。

「只要是團體中的一分子，就會有必須承擔的工作和職務。」

「承擔這些工作和職務，是身為成員的義務和責任。」

「工作與職務不是只有等待別人分配，也可以自己主動去找出來。」

「只負責被分配到的工作和職務，無法維持團體活動。」

這些關於團體中職務的基本觀念，以往即使不特別去意識，也能夠在家庭生活中自然而然培養出來。但是，在家庭失去了這些社會化功能的今日，必須設法刻意導入孩子們的生活中。

這意味著，今日的日本學校教育，不該假設孩子們已經在家庭教育中學會了該學的，不再能夠進行以此為前提的教育。另一方面，在學校的職務教育，又比家庭有更重要的功能。因為，正如學校被視為「社會的縮影」般，學校是一個習得在社會中確立自己的角色、培育獨立自主社會人能力、具備實踐性多角學習資源的場所。

邁向新社會

現在，社會處於巨變的前夕。在各種領域，比重都由「公」移向「私」。這個變化最大的重點在於，為了豐富己身生活、催化社會成熟而努力的主體，已經不像從前僅限於行政單位了。

近年，做為可謂共同性再構築的動向，非營利組織和志工組織等受到大家的矚目。那顯示了社會自覺到有光憑「公」無法完全承擔的問題，「官」不再「一肩扛下」，「民」也脫離了對官方的依賴，開始漸漸轉換到新的公共性形成的構成要素。現今教育課題之一，就是孕育孩子能夠肩負這樣一個新社會系統的資質、培育他們參與社會建構的能力。

許多霸凌，原本就和犯罪或不良行為不同，屬於發生在日常生活中私人責任領域的人際關係糾紛、違反規則、或是違背禮儀。因此，原本就不該將解決的責任交由警察、教育委員等外部的介入。應該將這個任務，交給以孩子們為中心、也包括教職員與家長等，構成學校社會成員的自律性判斷和行為。

在這些任務當中，成就社會全體最重要的就是「柔性行為責任」。就霸凌的情況而言，是了解和問題有關的所有人，都肩負著對於問題的產生．發展．遏止的責任，而這個責任是基於自己是營運共同生活的一分子有所自覺。在此自覺之中，藉由和其他成員的互助合作處理問題，支持被害或面臨風險的成員，以圖共通生活的安寧與福利。這是擔保社會共同性的責任，扎根於每一個成員的公民意識。

在社會邁向私密化的過程中，未來，「公」與「私」、「官」與「民」必須合作，確立社會的治理方式。為了這個目標，公民權責意識的形成是必須的，而且是培育肩負未來社會的孩子們重要的教育課題。

如果社會不朝著這個方向發展，萬一遇到個人幸福受到威脅的狀況時，就只能靠每個人各自去解決，或是指望公共性的介入。

本書說明私密化社會是在私密化與公共化、個人化與全體化的力學中發展的。但是，倘若我們無法在私人責任領域中培育擔任相關職務的人才，那麼為了避免受害，私密化的牛頓擺應該會轉向公共化和全體化的方向激烈搖晃。那麼，好不容易漸趨確立的尊重個性和主體性的這個潮流，就會遭到全體化的波濤吞噬，朝向無個性化傾斜。

在這樣的情況下，如果無法指望日本社會公共制度或機制，規避個人承擔的風險或被害，而人與人之間的連結又依舊是鬆散疏離的，大家就只能靠自己來對抗危害了。國家財政窘迫和福利國家的動盪，或者全球化進展下的市場原理和競爭主義、新的社會排除和落差問題等，也都是徵兆。

從社會全體觀點來看，或許霸凌問題只是發生在學校這個限定範圍的問題；但是，由於是發生在孩子們的世界裏，而且，正因為霸凌會在孩子們的成長中造成陰影形成問題，它會變成預見未來日本社會樣貌的一個窺視孔。雖然是個小小的窺視孔，透過在那裏展開的光景，讓我們找到路標，指示我們當下該如何培育孩子，又該如何建構社會。

後記

在日本，孩童的霸凌演變成社會問題，已經有將近三十年了。並不是霸凌有週期性，但是在這期間當中，大約每十年就發生一次嚴重的自殺事件，霸凌變成嚴重的社會問題，同時也漸成教育問題。

但是，正如我們在本書中一路探討過來的，只要人與人之間有了連結、有了團體運作、形成社會，不論成人或孩童、或是團體與團體之間、乃至於社會與社會之間，霸凌就像在權力失衡（人際相對強弱關係不對等）的力學中，如黑影般悄悄潛入的現象，要根絕霸凌，幾乎是不可能的事情。

然而，不論國內外，隨著各種研究累積至今，我們可以清楚得知，即使霸凌在人類社會中無所不在，其受害情況的顯現方式與嚴重程度，會因人們的互動、互助，或社會、團體的面貌而有所不同。換句話說，對於已經發生的霸凌，有可將傷害程度降到最低程度或消弭於無形。

私密化當然並非日本獨有的現象。霸凌問題情況嚴重的也不是只有日本。就像我們在本書中提到的，主要是在近代潮流當中，所有先進國家都面臨了私密化這種社會變化，也都在苦思如何應對隨之而來的各種負面問題。霸凌是其中的一環。

如果只談解決表層現象的方式，那麼，導入諮商或是充實傾訴管道等，每個國家都採用了相同的方法。但是，倘若我們深掘問題的根源，比方說，每個社會應從事的教育、社會結構、與人們意識的深層等，在不同的社會，就會浮現不同的面貌。即使我們能夠將它粗略歸於社會私密化的動向，私密化的呈現方式與從中延伸的問題情況，也不盡相同。

之所以會產生差異，是因為即使同樣踏上近代這條路，（各國）對於私密化帶來的各種負面問題的應對方式卻不同。我們應該試圖將霸凌這個社會問題當成一個線索，一邊正視這些差異，一邊去思考日本社會現今的定位，我們應該如何應對問題的根源、又應該朝哪裏走。這就是筆者撰寫本書的動機。

再次回顧我們社會中的霸凌問題，第三波的自殺事件以及受凌孩子們的情況，和第一波完全相同。在眾多的旁觀者中，當下無人制止，導致霸凌愈演愈烈，受凌孩童獨自承擔羞辱和悔恨，到了忍耐的臨界點，就動手自絕生命。第一波的鹿川同學的這種情況，到第二波的大河內同學的時候沒有什麼不同。在第三波中往生的孩子們也是一樣的。

相關單位也好，學校和其他機構也罷，還有國民與媒體，並沒有袖手旁觀。可以說，在有限的財力和人力條件下，能做的事都各自盡力去做了。

但是，即使我們盡了全力，只要狀況沒有顯著的變化，我們就必須確認，因應的焦點是否準確。如果因應焦點是正確的，採取的對策卻往往不見成效，那麼，我們就必須思索，是否還有其他切入點的對策。

在本書中，我們設問霸凌是什麼，並且試圖努力深掘霸凌現象的本質、闡明各國人們面對霸凌的方式，回顧日本社會既有的策略。這些都是為了釐清我們所採取對策的極限為何，同時，設法超越這個極限。如此一來，就可以為霸凌對策開拓新的地平線。

筆者的願望，無非是在日本社會中，能夠更有效控制霸凌，更接近能夠防制霸凌的社會。避免同樣的悲劇再度發生，是孩子們的祈求，也是國民共同的心聲。

本書的構想來自於複數調查的分析。這些調查始於一九八四年度，當中也包括了與國外的國際比較調查。這些調查，要靠一己之力實施和分析，幾乎是不可能的事情，所有的調查都是以小組分工合作完成的。能夠完成本書，都要仰賴許多人在調查研究的過程中一起討論，所帶來的腦力激盪。

同時，感謝七年前惠賜筆者執筆本書機會的潮木守一教授，是他將筆者引薦給中央公論新社編輯長松室徹先生。記得當時答應寫書之後，諸事多忙，寫作進度停滯不前。但是，松室先生一直很有耐心等待，他說：「霸凌這個問題很重要，請寫到滿意為止。」這句話，成為敦促筆者完成本書的動力。此外，編輯田中正敏先生也幫了很大的忙。在此向本書出版過程中賜教的各方賢達，致上最高的謝意。

二〇一〇年六月

森田洋司

參考文獻

第一章

1. 茜ケ久保徹郎「世界の話題・イタリア：いじめと戦う」日本経済新聞（二〇〇七年八月三十日夕刊）

2. 井樋三枝子「アメリカ合衆国におけるいじめ防止対応：連邦によるアプローチと州の反いじめ法・制定の動き」国立国会図書館調査及び立法考査局『外国の立法』No. 二三三、四－一一頁、二〇〇七年九月

3. J・I・キッセ／M・スペクター（村上直之・中河伸俊・鮎川潤・森俊太訳）『社会問題の構築：ラベリング理論をこえて』、マルジュ社、一九九〇年（John I. Kitsuse and Malcolm Spector, *Constructing Social Problems*）

4. 高徳忍『いじめ問題ハンドブック：分析・資料・年表』つげ書房新社、一九九九年

5.森田洋司監修『いじめの国際比較研究：日本・イギリス・オランダ・ノルウェーの調査分析』金子書房、二〇〇一年

6.森田洋司総監修『世界のいじめ：各国の現状と取り組み』（*The Nature of School Bullying: A Cross-National Perspective*）金子書房、一九九八年

7.中河伸俊『社会問題の社会学：構築主義アプローチの新展開』世界思想社、一九九九年

8.コンラート・ローレンツ（日高敏隆、久保和彦訳）『攻撃：悪の自然史』みすず書房、一九六三年（Konrad Lorenz, *Das sogenannte Böse zur Naturgeschichte der Aggression*）

9.D・オルウェーズ（松井賚夫・都築幸恵・角山剛訳）『いじめ：こうすれば防げる』川島書店、一九九五年（Dan Olweus, *Bullying at School: What We Know and What We Can Do*）

10.ピーター・K・スミス／ソニア・シャープ（守屋慶子，高橋通子監訳）『いじめととりくんだ学校：英国における4年間にわたる実証的研究の成果と展望』ミネルヴァ書房，一九九六年（Peter K. Smith and Sonia Sharp, *School bullying: Insights and Perspectives*）

11.滝充「いじめ問題の発見」『日本教育社会学会第四六回大会発表要旨集録』二〇―一二一頁、一九九四年

12. 豊田充『「葬式ごっこ」八年後の証言』風雅書房、一九九四年
13. J・Q・ウィルソン（James Q. Wilson）「序文」（小宮信夫監訳）G・L・ケリング／C・M・コールズ『割れ窓理論による犯罪防止』文化書房博文社、二〇〇四年（Catherine M. Coles and George L. Kelling, *Fixing Broken Windows: Restoring Order And Reducing Crime In Our Communities*）
14. 山村賢明「新聞による『いじめ』問題の構成」『日本教育社会学会第四五回大会発表要旨集録』一五八―一五九頁、一九九三年

第二章

1. 宝月誠『逸脱論の研究：レイベリング論から社会的相互作用論へ』恒星社厚生閣、一九九〇年
2. 今津孝次朗『増補 いじめ問題の発生・展開と今後の課題：25年を総括する』黎明書房、二〇〇七年
3. H・コウイー／S・シャープ（高橋通子訳）『学校でのピア・カウンセリング：いじめ問題の解決にむけて』川島書店、一九九七年（Helen Cowie and Sonia Sharp, *Peer Counselling in Schools : a*

time to listen）

4. 文部科学省『学校と関係機関等との行動連携を一層推進するために』学校と関係機関との行動連携に関する研究会報告書、二〇〇四年
5. 文部科学省『スクール・ソーシャル・ワーカー実践活動事例集』二〇〇八年
6. 森田洋司「いま、なぜ『行動連携』なのか：学校における問題行動への対応のあり方と地域社会」『犯罪と非行』第一四三号、日立みらい財団、二〇〇五年二月号、四―二二頁
7. 中河伸俊『社会問題の社会学：構築主義アプローチの新展開』世界思想社、一九九九年
8. 小沢牧子『「心の専門家」はいらない』洋泉社、二〇〇二年
9. 斎藤環『心理学化する社会』ＰＨＰ研究所、二〇〇三年
10. 土井隆義「『いじめ』問題をめぐる出現状況」『少年補導』六月号、三六―四七頁、一九八六年

第三章

1. Ｒ・Ｋ・マートン（森東吾・森好夫・金沢実・中島竜太郎訳）『社会理論と社会構造』みすず

書房、一九七七年（Robert King Merton, *Social Theory and Social Structure : toward the codification of theory and research*）
2. 森田洋司編著『いじめ集団の構造に関する社会学的研究』文部省科学研究費補助金研究成果報告書（研究代表　森田洋司）、一九八五年
3. 森田洋司・清永賢二『いじめ：教室の病い』金子書房、一九八六年
4. 滝充『「いじめ」を育てる学級特性：学校がつくる子どものストレス』明治図書出版、一九九六年
5. 竹川郁雄『いじめと不登校：集団状況と同一化意識』法律文化社、一九九三年
6. 松浦善満「いじめられている子から相談されているか」森田洋司・滝充・秦政春・星野周弘・若井彌一編著『日本のいじめ：予防・対応に生かすデータ集』金子書房、一四二―一四三頁、一九九九年
7. 文部科学省『生徒指導上の諸問題に関する調査研究会報告書』二〇〇六年
8. 米里誠司「子どものいじめを親は知っているか」森田洋司・滝充・秦政春・星野周弘・若井彌一編著『日本のいじめ：予防・対応に生かすデータ集』金子書房、二〇四―二一一頁、

一九九九年

第四章

1. E・デュルケーム（宮島喬訳）『社会学的方法の規準』岩波書店、一九七九年（Émile Durkheim, *Les règles de la méthode sociologique*）（中譯本：涂爾幹《社會學方法論》台灣商務出版）
2. Matza, D, & Sykes, G. M., "Techniques of Neutralization: a theory of Delinquency" *American Sociological Review*, vol. 22, pp. 664-670, 1957
3. 森田洋司『いじめ集団の構造に関する社会学的研究』大阪市立大学社会学研究室、一九八五年
4. 森田洋司「共同性の崩壊としての『いじめ』：いじめ集団の構造」『日本教育年鑑一九八七年版』ぎょうせい、二二三—二三〇頁、一九八七年
5. 島和博「虚構としてのいじめ問題とその基底」『少年補導』一九八五年八月号
6. 森田洋司「家族における私事化現象と傍観者心理」『現代のエスプリ』No.二七一、至文堂、二一〇—二一八頁、一九九〇年
7. 森田洋司「いじめ：社会学的視点より」北村陽英・荒井淳雄編『いじめ・自殺』メンタルヘ

ルス実践体系五、日本図書センター、一九八八年

第五章

1. E・デュルケーム（宮島喬訳）『自殺論』中央公論社、一九六八年（Émile Durkheim, *Le suicide: Éude de sociologie*）（中譯本：涂爾幹《自殺論》五南文化出版）

2. 石堂常世「フランスの学校の徳育について：日仏比較の視点から」文部科学省『子どもの徳育に関する懇談会』（第五回）報告資料、二〇〇九年一月

3. 片桐雅隆『日常世界の構成とシュッツ社会学』時潮社、一九八二年

4. 丸山真男「個人析出のさまざまなパターン」マリウス・B・ジャンセン編（細谷千博編訳）『日本における近代化の問題』岩波書店、一九六八年（Marius B. Jansen, *Changing Japanese Attitudes Toward Modernization*）

5. 三戸公『公と私』未来社、一九七六年

6. 宮島喬「私化へのアプローチと若干の論点」現代社会学編集委員会編『現代社会学』一八　アカデミア出版会、一九八四年

7. 森田洋司『「不登校」現象の社会学』学文社、一九九一年
8. 作田啓一「価値と行動」作田啓一他編著『今日の社会心理学5　文化と行動』培風館、一九六三年
9. 鈴木広「たえず全体化する全体性と、たえず私化する私性」社会学評論、一三四号、一九八三年
10. A・de・トックビル（井伊玄太郎訳）『アメリカの民主政治』（上・中・下）講談社、一九八七年（Alexis de Tocqueville, *De la démocratie en Amérique*）
11. 安永寿延『日本における「公」と「私」』日本経済新聞社、一九七六年
12. 国立教育政策研究所「諸外国の教育課程(2)：教育課程の基準及び各教科等の目標・内容構成等」『教科等の構成と開発に関する調査研究』研究成果報告書（研究代表者　山根徹夫）二〇〇七年三月
13. T・ハーシ（森田洋司・清水新二監訳）『非行の原因：家庭・学校・社会のつながりを求めて』（新装版）文化書房博文社、二〇一〇年（Travis Hirschi, *Causes of Delinquency*）
14. 財務省『中学校学習指導要領（平成十年十二月）解説：道徳編』、一九九九年九月

15.森田洋司「犯罪被害の社会学的考察：私事化社会における新たな被害状況への考察（十周年記念シンポジウム）」日本被害者学会編『被害者学研究』第10号、八六—九六頁、二〇〇〇年

16.森田洋司監修『新たなる排除にどう立ち向かうか：ソーシャル・インクルージョンの可能性と課題』（社会問題研究の最前線Ⅱ）学文社、二〇〇九年

17.武藤孝典，新井浅浩編著『ヨーロッパの学校における市民的社会性教育の発展：フランス・ドイツ・イギリス』東信堂、二〇〇七年

第六章

1.門脇厚司「子どもの社会的自立と『社会力』」山口満編著『子どもの「社会的自立」の基礎を培う』教育開発研究所、一四—一七頁，二〇〇七年

2.W・G・サムナー（青柳清孝，園田恭一，山本英治訳）『サムナー　フォークウェイズ』現代社会学大系3、青木書店、一九七五年（William Graham Sumner, *Folkways : a study of the sociological importance of usages, manners, customs, mores, and morals*）

圖表索引

國家圖書館出版品預行編目資料

霸凌是什麼：從教室到社會，直視你我的暗黑之心 / 森田洋司著；李欣怡譯. -- 初版. -- 臺北市：經濟新潮社出版：家庭傳媒城邦分公司發行, 2017.06

面；　　公分. --（自由學習；17）

ISBN　978-986-94410-5-6（平裝）

1. 霸凌

541.627　　　　106007171